동양상담학 시리즈 **9**

동사섭 상담

박성희 저

Oriental Counseling Series

학지사

동양상담학 시리즈를 펴내며

 돌이켜보면 참 오랫동안 한국상담 또는 동양상담에 대한 연구와 논의의 필요성을 느껴 왔다.

 처음 상담계에 입문할 때에는 그저 서양에서 들어온 지식을 열심히 섭취하여 상담을 잘하기만 하면 그만이라고 생각했다. 상담의 발상지가 서양이니까 그렇게 하는 게 하나 이상할 것도 없고, 또 상담계에 종사하는 모든 사람들이 그렇게 하니까 아무런 의구심이 들지 않았다. 하지만 시간이 지나면서 조금씩 내가 하는 일에 무엇인가가 빠져 있다는 사실을 눈치 채기 시작했다. 서양 사람들에게서 뽑아 낸 상담 지식을 한국 사람에게 그대로 적용하는 데에 무리가 있다는 점을 알게 된 것이다. 그러니까 그때까지 나는 한국 사람을 미국 사람 대하듯 상담해 왔다. 이런 사실을 알게 되면서 내심 무척 당황하고 부끄러웠다. 한국 사람과 미국 사람

이 모든 점에서 똑같다면 모르되, 그렇지 않다면 맞지 않는 옷을 어색하게 입히려는 우스꽝스런 짓을 하고 있었던 셈이다.

이때부터 나의 고민은 시작되었다. 어떻게 하면 한국 사람들에게 어울리는 상담을 할 수 있을까? 어떻게 하면 한국 사람에게 적합한 상담 지식을 찾아내고 이를 체계적으로 정리할 수 있을까? 어떻게 하면 한국적 문화와 역사와 전통을 반영한 상담 이론을 구성할 수 있을까? 이런 고민 끝에 한국인의 일상생활에 스며 있는 삶에 대한 철학과 사상과 문화적 전통을 뒤져 보자는 생각을 하게 되었다. 이렇게 해서 이 책에 실린 원고들을 하나씩 쓰기 시작하였다. 이때 우연히 이웃나라 일본의 상담학자들도 일찌감치 나와 같은 고민을 하며 일본식 상담을 개발하였다는 사실을 접할 수 있

었다. 모리타 상담과 나이칸 상담은 그들의 치열한 문제의식이 잉태한 일본식 상담론으로서 우리가 한 번쯤 살펴볼 만한 가치를 가지고 있다. 이 책의 제목이 한국상담이 아니라 동양상담이라고 붙여진 것은 일본상담이 포함되었기 때문이기도 하고, 동양사회를 관통하고 있는 유·불·도 삼가의 사상이 주요 주제로 다루어지고 있기 때문이기도 하다.

원래 이 원고 집필을 시작할 때는 한 권의 단행본으로 출판하려고 하였다. 그러나 작업을 하다보니 앞으로도 이런 작업이 끝없이 이어져야 할 거라는 생각, 그리고 연구가 완성될 때까지 오래 기다리기보다 그때그때 신속하게 연구 결과를 보고하는 편이 나을 거라는 생각이 들었다. 이 시리즈의 첫 원고가 이미 5년 전에 탈고되었다는 점이 이런 생각을 굳히게 했다. 앞으로

이 시리즈가 계속되기를 기대한다. 필자 역시 이 작업을 계속하겠지만, 한국상담과 동양상담에 관심 있는 상담학도라면 그 누구라도 이 작업을 이어갈 자격이 있다. 그리하여 앞으로 100권, 200권을 넘어서기까지 이 시리즈가 쌓여 가기 바란다. 감히 말하건대, 이 시리즈 목록의 길이는 한국상담의 성숙도를 보여 주는 바로미터가 될 것이다.

필자는 상담을 전공하는 후학들이 '우리와 우리 것'에 대해 관심 가지기를 간절하게 바란다. 원고를 쓰면서 필자는 우리 역사, 사상, 철학, 문화 속에 상담 정신이 깃든 자료가 그렇게 풍부하다는 데 정말 놀랐다. 그럼에도 불구하고 이들이 상담학도들의 눈에 띄지 않았다는 사실이 참 이상하다. 다소 늦기는 했지만 이 자료들을 정리하여 현대 상담 속으로 끌어들일 때가 되었

다. 외국으로부터 배울 것은 배우되, 온고지신 하는 마음으로 우리 것을 품어서 한국상담학을 정립해 가는 창조적인 작업에 모두 동참하자.

이 작업을 시리즈물로 기획하자고 제안하신 김진환 사장님 그리고 상담에 대한 깊은 애정을 가지고 정말 꼼꼼하게 교정과 편집 책임을 맡아주신 최임배 부장님에게 감사의 말씀을 드린다. 앞으로도 좋은 상담책 많이 출판하셔서 한국상남계의 발전에 큰 몫을 담당해주시기 바란다.

청주 원봉산 자락에서, 박성희

머리말

필자는 오래 전에 '동사섭'에 대한 소문을 들었다. 사람들을 감동의 도가니로 몰아넣는 아주 힘 있는 집단 상담이라는 소문이었다. 스님이 운영한다는 말도 들었다. 그리하여 언젠가 한번 참여해야겠다는 생각을 먹고 있다가 2003년 여름 모임에 참석할 수 있었다. 과연 소문 그대로 동사섭 집단은 빠른 속도로 사람들을 변화시켰다. 집단을 이끌어 가는 용타 스님, 대화 스님의 역량이 뛰어날 뿐 아니라 집단의 전체적인 분위기, 그리고 집단을 이끌어 가는 틀과 내용이 인상적이었다. 5박 6일 동안 집단을 참석하고 난 소감은 한국을 대표하는 집단 상담으로 부족함이 없다는 것이었다.

한국을 대표하는 집단 상담으로 동사섭을 소개하자

는 마음을 먹고, 동사섭 집단에서 경험한 내용과 그에 대한 평가를 글로 작성했다. 그리고 이 글을 용타 스님에게 보내 내용의 정확성과 타당성에 대한 검증을 받았다. 용타 스님은 흔쾌히 필자의 청을 받아들여 도움을 주셨고 이따금 격려의 말을 담은 이메일을 보내주셨다. 이 자리를 빌려 스님께 고마운 마음을 전한다. 자주 안부를 전하지 못하는 미안한 마음과 함께.

필자가 얼핏 들은 바로는 우리나라에 동사섭과 같은 상담 활동을 전개하는 집단이 많다고 한다. 이들을 일일이 찾아 참여해 보고 상담자의 입장에서 평가하는 작업을 누군가는 해야 할 것이다. 사실 필자는 이런 곳 한두 군데를 더 찾아 참여한 후 그 경험 내용을 이 책에 실으려고 하였지만, 시간과 여건이 허락지 않아 그렇게 하지 못했다. 앞으로 이런 작업이 이루어지면 이 시리즈를 통해 소개할 예정이다. 물론 이 작업에 동참하고자 하는 사람은 언제나 환영한다.

차례

1

동사섭의 기원과 현황

    동사섭(同事攝) 상담은 용타(龍陀) 스님이 개발하여 보급하고 있는 일종의 집단 상담 프로그램으로서 불교 상담의 원리와 서양 상담 기법을 절묘하게 조화시켜 탄생한 대표적인 한국적 상담이다. 용타 스님에 의하면, 동사섭은 로저스의 정신을 이어받은 엔카운터링(encountering)에서 유래한 것으로서, 일본에 엔카운터링을 보급한 이토 히로시의 영향을 받은 강요한 선생으로부터 비롯되었다고 한다. 강요한 선생은 용타 스님이 몸을 담고 있던 전남중고등학교의 교장선생님으로서, 1971년도부터 전남 지역의 학교 교사들에게 엔카운터링을 소개하였는데, 이를 접한 용타 스님이 불교적 개념과 한국적 상황을 바탕으로 새롭게 창안한 프로그램이 동사섭이다.

동사섭 상담은 1980년 전남 강진군 성전면에 있는 무위사에서 수련생 17명을 대상으로 시작되었다. 10회의 모임이 될 때까지 이 모임은 T그룹 워크숍이라는 이름으로 불렸는데, 그 이후 정조(正照) 스님의 제안을 받아들여 동사섭이라는 이름을 사용하게 되었다. 동사섭은 첫 수련회를 가진 이후 지난 25년 동안 총 190회에 걸쳐 약 6,000여 명의 수련생을 배출하였다. 동사섭 수련 프로그램은 일반 과정, 중급 과정, 고급 과정 등 크게 세 단계로 구분되는데, 현재 일반 과정은 5박 6일, 중급과 고급 과정은 3박 4일의 일정으로 짜여진다. 1992년부터 수련 장소로 논산군 벌곡면에 있는 원불교 수양 도량인 삼동원을 사용하고 있다.

용타 스님에 의하면, 동사섭 프로그램의 내용은 20여 년의 세월을 거치면서 발전하였는데, 이를 크게 네 단계로 나눌 수 있다고 한다. 첫째, 초기에는 순수 엔카운터링으로서 이론 강의가 거의 없이 비구조적으로 마음을 나누던 단계, 둘째, 이론과 형식을 더하여 구조적인 마음 나눔의 장으로 변화 발전한 단계, 셋째, 마음의 나눔에 더해 마음 관리를 추가한 단계, 넷째 마음을 벗어나기 위한 초월 명상의 장이 더해진 단계 등이 그것이다. 현재는 마음 알기, 마음 다루기, 마음 나누기라는 세 주제를 중심으로 프로그램이 짜여 있다.

원래 동사섭(同事攝)이란 말은 불교의 사섭법(四攝法: 布施攝·愛語攝·利行攝·同事攝) 중의 한 개념이다. 사섭법이란 보살이 중생을 향하여 경우에 따라서는 베풀고(보시섭), 경우에 따라서는 자애어린 말로 더불고(애어섭), 또는 이로운 일로 도와주고(이행섭), 나아가 그들과 희로애락을 함께하는(동사섭) 삶의 태도를 말한다. 용타 스님의 동사섭 상담(동사섭 법회라고 일컫기도 한다.)은 사섭법 중 동사섭을 기본으로 하되 보시, 애어, 이행을 함께 아우르는 삶의 태도를 지향하고 있다(www.dongsasub.org).

2

동사섭의 기본 이론과 원리

동사섭 상담은 '행복'을 목적으로 삼는다. 다시 말하면 사람들이 '행복'의 정체를 분명히 알고 행복해지기 위한 방편을 잘 활용함으로써 진정한 행복을 누리도록 이끌어 주는 데에 목석이 있다. 그렇다면 동사섭에서 말하는 행복은 무엇일까? 용타 스님에 의하면, 행복은 좋은 느낌, 좋은 감정, 좋은 정서 또는 기분 좋음으로 정의된다. 기분이 좋으면 행복한 것이고, 기분이 좋지 않으면 행복하지 않다는 것이다. 아무리 고상하고 심오한 체험이더라도 좋은 느낌이 따르지 않는다면 이를 행복이라고 부르기 어렵다. 행복은 좋은 느낌을 맛보는 바로 그 순간의 상태를 의미하기 때문이다.

그런데 한 개인이 누리는 행복은 불가불 다른 사람과의 관계에 따라 지대한 영향을 받는다. 개인이 다른 사람(부모)을 통하여 생명을 받을 뿐 아니라 다른 사람들과의 관계 속에서 자아정체를 형성한다는 점(본질적으로 사람이 사회적 존재라는 점)을 고려하면 개인의 행복 역시 다른 사람들과의 관계 속에서 결정될 수밖에 없다. 따라서 개인 '나'의 행복은 더불어 있는 '우리'의 행복과 연결될 때 지속성과 안정성을 보장받을 수 있게 된다. 이런 점에서 행복을 누리는 주체는 따로 떨어진 개인이 아니라 함께 사는 '우리 모두의 행복'이어야 한다. 물론 여기서 '우리'가 포함하는 범위는 개인 의식의 지평에 따라 매우 다를 수 있다. 작게는 가족에서 시작하여 크게는 우주 전체가 이 범위 안에 들어올 수 있다.

그렇다면 행복, 즉 좋은 느낌을 유지하며 살기 위하여 어떻게 해야 할까? 동사섭은 행복의 조건으로 삶의 5대 원리를 제시하고 있다. 삶의 5대 원리에는 정체성

(正體性)의 원리, 대원(大願)의 원리, 수심(修心)의 원리, 화합(和合)의 원리, 작선(作善)의 원리가 포함되는데, 이 중 정체성은 수심의 일부를, 대원은 화합에 대한 간절한 마음을 강조하기 위하여 별도의 원리로 정립된 것이다. 이 5대 원리는 이상공동체 형성을 위하여 필요한 다섯 가지 요소(5要)라고 지칭되기도 하는데, 뒤의 세 가지를 따로 떼어 이상공동체 3要라고 부르기도 한다. 이 삶의 5대 원리를 마음에 품고 그 원리에 따라 충실하게 사는 사람은 그만큼 행복을 누리고 살 수 있다. 따라서 5대 원리의 내용을 정확하게 알고 이를 생활 속에 실천하는가의 여부가 행복의 수준을 가름하는 갓대가 된다.

삶의 5대 원리를 조금 더 자세히 들여다보자. 먼저 정체성의 원리는 내가 누구인지(自我)에 대하여 분명한 가치관을 정립하는 일을 말한다. 자아를 어떻게 규정하는가에 따라 사람들의 삶의 태도는 달라진다. 동사섭에서는 궁극적으로는 텅 비어 있는 허공 같은 자아, 비아(非我) 내지는 무아(無我)를 이상적인 모델로 삼지만, 수련 과정에 개인마다 다양한 층차가 존재함을 인정한다. 어쨌든 참자신이 아닌 모습을 비우고 털어내면서 참 자아에 접근하려는 노력이 정체성의 원리에 속한다.

둘째, 대원의 원리는 각종 공동체의 화합을 기원하는 커다란 마음을 뜻한다. 앞에서 언급한 것처럼 개인과 공동체의 행복은 긴밀하게 연계되어 있다. 따라서 개인이 소속됨직한 모든 사회공동체의 화합과 행복을 위하여 큰 바람을 내고 기도하는 행위는 바로 자신을 위하는 일과 다르지 않다. 공동체의 화합을 위하여 마음을 낸다는 사실 자체가 이미 그 길에 자신이 참여하고 있음을 보여 주는 것이다.

셋째, 수심의 원리는 어디에도 얽매이지 않은 탁 트인 마음 닦는 일을 말한다. 탁 트인 마음을 닦으려면 마음의 정체와 움직임을 잘 살필 필요가 있다. 특히 삼독(三毒)이라고 불리는 탐(貪慾), 진(嗔怒), 치(어리석음)에 사로잡히지 않기 위해서 마음을 살피고 공부하는 일은 필수적이다. 그렇게 할 때 비로소 어디에도 묶이지 않는 대자유(大自由)를 얻을 수 있다. 수심은 동사섭의 핵이라고 말할 수 있을 정도로 중요하므로 뒤에서 보다 상세히 다룰 것이다.

넷째, 화합의 원리는 자아와 타자가 화목하게 어울려 조화를 이루는 삶을 일컫는다. 화합을 잘 하려면 다른 사람들과 더불어 마음을 잘 나눌 필요가 있다. 마음을 나눈다는 것은 마음 주고받기를 잘 한다는 뜻으로서, 이 역시 훈련과 연습을 통하여 배워야 할 삶의 원리에 속한다.

다섯째, 작선의 원리는 다른 사람들을 위하여 선한 일, 좋은 일을 행함을 뜻한다. 소극적으로는 지금까지 자신이 쌓아 온 악업을 정화하고, 적극적으로는 사람들에게 득이 되는 선업을 쌓음으로써 공동체의 행복과 안녕에 이바지하게 된다. 앞에서 언급한 여러 삶의 원리들을 생활 속의 행동으로 완성시키는 원리가 작선이라고 말할 수 있다.

동사섭 법회에서는 이 다섯 가지 삶의 원리를 하나의 진술문으로 묶어서 표현하는 기도의 시간을 자주 갖는다. 예를 들면, '허공처럼 텅 빈 마음인 나는 우리 모두의 행복을 위하여 수심하고, 더욱더 화합하고, 작선하며 살겠습니다.' 는 식으로 삶의 5대 원리를 간절하게 온 마음에 새기며 선언하는 기도를 반복한다.

삶의 5대 원리를 지키며 행복한 삶을 영위하는 데 가장 중요한 요소가 마음이다. 5대 원리의 하나에 마음을 닦는 일(수심)이 포함되어 있기는 하지만, 사실 마음을 닦는 일은 다른 모든 원리의 밑바탕이라고 할 정도로 중요하다. 동사섭 상담의 내용을 짧게 요약하면 마음 공부라고 요약할 수도 있다. 용타 스님을 도와 동사섭 수련회를 이끌어 온 대화 스님(2003)은 동사섭을 통하여 마음의 개념과 구조, 마음 다스리는 방법, 마음 공부의 분명한 척도를 배우고 익힐 수 있었다고 고백하고 있고, 동사섭을 창안한 용타 스님 자신도 동사섭의 핵심을 마음 알기, 다루기, 나누기로 정리하고 있다(2001). 결국 동사섭 상담은 '마음'에 모든 것을 걸고 있는 셈이다. 그렇다면 마음은 무엇이며 어떻게 작동하는가?

마음은 유식론에서 주장하듯, 본래 하나의 활동이며 흐름이지 객관적인 실체가 아니다. 마음은 잠시도 쉬지 않고 온갖 심상, 느낌, 생각, 의념을 일으킨다. 따라서 '마음(mind)'이라는 말보다 '마음작용 중(minding)'이라는 말이 마음의 본래 속성에 더 잘 어울린다(박성희, 2001). 생각·감정·욕구·의지, 생각·감정·욕구·의지가 기능적으로 무수히 일어났다 사라졌다 하는 것이 마음이다(용타 스님, 2001, p. 46). 이같은 이유로 용타 스님은 마음을 어떤 실체로 정의하는 대신 그 작동 원리를 설명하고 있다. 사람에게는 개념 이전의 의식 상태가 있다. 이 의식 상태로부터 사상(事象)에 이름을 붙이는 실체 사고가 일어나는데, 실체 사고에 가치를 부여하는 가치사고가 작용함으로써 욕구(貪)가 발생하게 된다. 욕구의 성취는 한편으로 긴장과 스트레스를, 욕구의 좌절은 억압, 화, 슬픔 등 분노(瞋)를 일으키게 되고, 이 과정에 불만을 느끼면 불만사고(痴)가 발동하게 되며, 이 불만사고는 다시 가치사고 속으로 되먹임됨으로써 욕구 → 분노 → 어리석음으로 이어지는 악순환이 지속되게 된다. 소위 탐·진·치 삼독이 마음의 흐름에 개입하여 행복으로부터 멀어지게 하는 것이다. 따라서 행복한 삶을 살려면 탐·진·치 삼독으로 이어지는 순환의 고리를 끊고 정상적인 마음의 흐름을 회복시켜야 한다. 정상적인 마음의 흐름이란 마음을 내되 집착하지 않음을 뜻하는 것으로서, 용타 스님은 『금강경』의 '응무소주이생기심(應無所住而生基心)'이라는 어구를 인용하여 이를 '걸림 없이 사는 것'이라고 풀이하고 있다(용타 스님, 2001, p. 23). 이 '걸림'과 관련하여 주의를 기울여야 할 것이 소위 12연기의 6, 7, 8번째 고리인 촉(觸) → 수(受) → 애(愛)로 이어지는 집착의 과정이다. 사람들은 어떤 사상 또는 경험에 마주치는(觸) 순간 이를 받아들이게 되고(受), 이 과정이 반복됨에 따라 그에 집착(愛)하여 업장을 키우고 불행의 골을 심화시킨다. 따라서 걸림으로 작용하는 주범은 촉·수하는 순간이 아니라 촉·수한 내용에 대해 집착하는 마음이다. 이 집착하는 마음을 버릴 수 있다면, 불교적인 용어로 방하

착(放下着)할 수 있다면 행복의 문이 활짝 열리게 된다 (불교에서는 일체의 심소(心所)를 몰아내는 방하착에 두 가지를 포함시킨다. 첫째는 집착이요, 둘째는 일체의 생각(思念)이다). 그렇다면 집착하지 않고 걸림돌 없이 살기 위해서 어떻게 해야 할까? 용타 스님에 따르면, 탐·진·치는 '나는 존재한다.'는 잘못된 견해에 뿌리를 두고 있으므로 이를 퇴치하기 위하여 공(空)·무아(無我)와 같이 존재에 대한 바른 견해(正見)가 요청된다고 하였다. '나'라고 하는 것이 실재하는 것 같지만 이를 한겹한겹 벗겨 보면 결국 '나'라는 실체는 없다. 흔히 사람들이 '나'라고 인식하는 내용을 분석해 보면 자기동일시의 내용인 '내것'들(境界我), 몸(身我), 마음(心我), 보고 듣고 생각하는 인식의 주체(識主我)로 분류되는데, 이들을 하나하나 따져 보면 정말 나라고 할 만한 것이 아무것도 없다. 심지어 인식의 주체라고 여겨지는 '나'도 실은 '나'가 아니요, 한갓 인연에 따라 명멸하는 일종의 기능에 불과할 따름이다. 이처럼 '나'에 대한 정견이 확실히 서면 자아에 집착하는 어리석음에서 벗어나게 되고, 자아로부터 비롯되는 탐·진·치의 사슬로부터 온전하게 해방될 수 있다(용타 스님, 2001, pp. 44-49). 문제는 자아 또는 '나'가 이처럼 허망한 것임에도 불구하고 사람들이 이를 깨닫지 못하거나, 깨달음의 수준이 낮아서 다시 그 악순환의 사슬에 빠져든다는 사실이다. 여기에 사람들을 악순환의 사슬에서 벗겨 내고 깨달음으로 이끄는 단계적인 방편이 필요하다. 동사섭은 마음 알기, 다루기, 나누기를 중심으로 바로 그 방편을 제공하고 있다.

3

동사섭 프로그램의 내용

동사섭 프로그램의 내용은 앞에서 제시한 삶의 다섯 가지 원리에 따라 분류된다. 동사섭에서 설명하는 삶의 다섯 가지 원리와 그 원리를 실현하는 방편에 대해 하나씩 살펴보자(www.dongsasub.org; 용타 스님, 2001).

1. 정체의 원리

동사섭에서 말하는 정체(正體)는 자신 '나'의 참모습

이다. 정체의 원리는 자신에 대한 참모습과 연관되는 이치라는 뜻이다. 즉, '자신의 참모습이 무엇인지를 알아야 한다.' 혹은 '자신의 참모습이 무엇인지를 알 필요가 있다.' 혹은 '자신의 참모습이 무엇인지를 알아 가야 한다.'는 원리다.

'나'는 모든 행위의 주체로서 이에 대한 뚜렷한 정체관이 정립될 필요가 있다. 행복 추구의 주체도 '나'요, 작선(作善), 화합(和合), 수심(修心)은 물론 대원(大願)의 발원 또한 '나'이기 때문에 '나'에 대한 뚜렷한 자아관이 없으면 좋은 삶을 누리기 어렵다. 따라서 '나'에 대한 정체성을 명확하게 하고 가능한 한 수준 높은 자아관을 정립할 필요가 있다. 동사섭에서는 정체의 원리를 지원하는 방편으로 지족자아관(知足自我觀) → 초월자아관(超越自我觀) → 묘유자아관(妙有自我觀) 등 세 겹으로 구성된 삼중 차원의 자아관(三重次元自我觀)을 활용한다.

· **지족자아관:** 지족자아관(知足自我觀)은 자신에게 이

미 갖추어져 있거나, 이미 성취한 부분을 확인함으로써 '나는 이대로 만족할 만한 사람'이라고 여기는 자아관이다. 지족자아관을 가진 사람은 자신을 바라보며 '그것의 없음에 비하여 있음이 얼마나 다행한 일이냐! 그것을 이루지 못함에 비하여 현재 이루어져 있음이 얼마나 다행이냐!'는 식으로 지족 명상(知足瞑想)을 하며 자기 만족을 찾는다. 볼 수 있는 눈이 있다는 것이 그 눈의 없음에 비하여 얼마나 다행한 일이며, 구구단을 욀 수 없음에 비하여 욀 수 있다는 것이 얼마나 다행한 일이냐 하는 식으로 자신이 가진 것 또는 자신이 성취한 것을 가능한 한 많이 찾아서 명상하는 것이다. 자아에 대한 지족 명상을 충분히 하여 무의식까지 자신에 대한 만족감이 젖어들 정도로 지족자아관을 튼튼히 해둔다면 일단 행복이 보장될 것이요, 해탈의 기초가 다져질 것이며, 무슨 일에나 흥미를 가지고 적극적으로 임할 수 있을 것이다. 자기 자신을 긍정적으로 여기면 기쁨이 넘치게 되는

데, 그 기쁨은 삶에 생기와 활기를 가져다주므로 어떤 일에서나 높은 성취도를 보일 것이다.

· **초월자아관**: 지족자아관은 자신을 부정적으로 바라보는 부정적 자아관에 비하여 말할 나위 없이 좋은 자아관이지만 여전히 세속적인 자아관이다. 세속적인 자아는 아직도 자신을 실체로 여긴다. 자아를 실체시하는 자아관(俗諦自我觀)은 시비분별을 가리는 상대적인 차원에 머물기 때문에 언제든 고통(苦)에 떨어질 가능성을 안고 있다. 따라서 보다 안정된 자아관이 필요하다. 초월자아관은 보다 철저한 철학적, 도학적 작업을 통해 자아의 정체가 속속들이 파악될 때 형성되는 자아관이다(眞諦自我觀). 초월자아관은 '나'라고 하는 자아가 엉뚱하고 허무한 것인지를 깨달아 이를 초월하려고 한다. 초월자아관의 형성을 돕는 방편으로 해공십조(解空十條)가 있다. 해공십조는 자아가 허무하다(空)는 것을 증거하는 다양한 방편을 말한다. 용타 스님은 해공십조에 속하는 것으로 성멸고공(成滅

故空), 무상고공(無常故空), 불가득공(不可得空), 인과고공(因果故空), 연기고공(緣起故空), 중연고공(重緣故空), 가합고공(假合故空), 분석고공(分析故空), 미시고공(微視故空), 영시고공(永時故空), 원시고공(遠視故空), 의근고공(依根故空), 파근현공(破根顯空), 심조고공(心造故空), 성기고공(性起故空), 중도고공(中道故空) 등을 들고 있다. 연기고공을 예로 들어 보면, 자아가 원래부터 있던 것이 아니라 인연을 따라 일어난 결과에 불과하니 공이라는 결론에 도달한다.

· **묘유자아관**: 초월지아관을 통해 실체로서의 자아가 속임수에 불과하다는 사실을 깨닫고 나면 자연히 모든 것이 전혀 새롭게 존재하는 묘유(妙有)가 드러난다. 이 묘유적 자아의 사고 체계를 묘유자아관(妙有自我觀)이라고 하는데, 이는 세 가지로 정리가 가능하다. 첫째, 자아에서 초월됨으로 해서 오는 자유감, 해탈감이 그 하나요, 둘째, 자아가 사라져 전체가 한 나, 한 생명으로 여겨짐이 그 하나

요, 셋째, 주변에 고통받는 존재들을 돕는 과정이
그 하나다. 소위 깨달음에 도달한 지인(至人)의 인
격 3요소라고 일컬어지는 대자유, 대자재, 대자비
가 실현되는 것이다.

2. 대원의 원리

대원의 원리는 곧 원대한 희망을 가져야 한다는 원
리다. '나'의 삶의 궁극적인 목적이 뚜렷해야 그에 헌
신하는 삶을 살아갈 수 있다. 삶의 모습, 삶의 질, 삶의
내용 등은 삶의 목적이 무엇인가에 따라 달라진다. 따
라서 삶의 목적을 분명하게 정립하는 일은 삶이 지향
해야 할 방향을 잡아 준다는 점에서 매우 중요하다. 더
구나 사무치는 마음으로 그 목적을 향해 매진하려면
대원의 내용이 명확하게 정립될 필요가 있다. 동사섭
수련에서는 '우리 모두의 행복'을 사람들이 품어야 할
대원의 내용으로 제시하고 있다. 아울러 '행복'이 어

떻게 정의되어야 하는지, 그리고 '우리 모두'의 개념이 무엇인지 사람들의 마음속에 분명히 각인되도록 과제를 부여한다.

대원의 원리를 지원하는 방편은 다음과 같다. 동사섭 수련회에서 '행복'과 '우리 모두'에 대한 개념을 강론을 통해 밝힌 다음, 하루에도 여러 번 다음과 같은 대원을 반복하여 선언하도록 한다. '~한 나는 우리 모두의 지고의 행복을 위해 수심하고 화합하고 작선하며 살겠습니다.'

3. 수심의 원리

수심의 원리는 마음을 잘 닦아야 한다는 원리다. 이러저러한 나(정체관)는 우리 모두의 행복(대원관)을 위하여 우선 수심(修心: 마음 수련)을 잘 하여 자신의 마음을 행복하게 만들어야 할 것이다. 행복을 위한 절대적인 조건은 마음을 잘 다루고 관리하는 것이다. 따라서

수심의 방법, 즉 마음을 다루고 관리하는 방법이 중요
해진다. 동사섭 수련에서는 특히 수심을 중시하여 마
음을 닦는 다양한 방편들을 개발하였다.

· **옴나 명상**(각성점두): 옴나 명상은 개념 이전에 머무
르는 명상을 말한다. 의식이 개념 이전에 머무르
려면 감정이나 생각을 섞지 않고 있는 그대로를
수동적으로 감각하는 행위를 견지할 수 있어야 한
다. 보여질 뿐 보지 않고, 들려질 뿐 듣지 않고 의
식되어질 뿐 능동적 의식 작업을 하지 않은 채 다
만 깨어 있을 따름이다(용타 스님, 2001, p. 209).
'깨어 있음'으로 수동적 감각만을 견지하고 살면
욕구나 정서의 부침을 초월할 수 있고, 마음이 흔
들리지 않는 부동심을 얻을 수 있다. 동사섭에서
는 산책을 하며 생각과 감정을 섞지 않은 채 감각
되는 모든 대상들을 감각하는 상태에서 멈추는 훈
련을 하게 한다. 예를 들면, 새소리가 들릴 때 '참
소리가 아름답다.' '저 소리를 들으니 고향 생각

이 난다.' 등 생각과 감정을 일으키지 않고 청각으로 소리를 듣는 데서 의식을 멈추는 훈련을 하는 것이다.

· 비아/무아 명상: 비아/무아 명상은 '나'의 정체를 파헤쳐 그 나가 실재하지 않은 것임을 깨닫게 하는 방법이다. 이를 위하여 동사섭에서는 '당신은 무엇입니까?' '무엇이 진정한 당신입니까?' 라는 질문으로 계속 다그치고, 그에 대해 답하는 과정을 통해 '나' 라는 개념이 허무함을 밝혀 나간다. 이 과정을 거치다보면 '나'는 환경도 몸도 마음도 마음의 주체도 아니라는 점이 드러나고, 결국 나라고 말할 것이 없다는 결론에 도달한다. 예를 들어, '당신은 무엇입니까?' 라는 질문에 '나는 우리 아내의 남편입니다.' 라고 답하면, '당신 아내의 남편인 당신은 무엇입니까?' 라고 다시 질문하고, 이에 '나는 얼굴이 잘생긴 사람입니다.' 라고 답하면 '얼굴이 잘생긴 당신은 무엇입니까?' 라고 다시 묻고, 이에 다시 '나는 착한 마음씨를 가진 사람입

니다.' 라고 답하면, '착한 마음씨를 가진 당신은 무엇입니까?' 라고 다시 묻고, 이에 '나는 지금 이처럼 대답을 하고 있는 사람입니다.' 라고 답하면, '지금 이처럼 대답하고 있는 당신은 무엇입니까?' 라는 식으로 계속 질문과 답변을 이어 가며 진정한 '나' 가 무엇인지 명상하게 한다.

· **독배 명상**: 독배 명상은 독이 든 약사발을 앞에 두고 독배를 마시는 즉시 고통 없이 죽는다고 할 때 지금 당장 그 독배를 마시고 죽을 수 있는지에 대해 명상하는 방법이다. 독배 명상은 삶을 마감하는 절박한 상황을 설정해놓고 자신을 움직이는 다양한 욕구들의 정체와 내용을 관찰하게 한 후 서서히 그 욕구들을 초월하여 빈 마음으로 돌아가게 하는 명상법이다. 독배를 마시려는 순간 '나' 를 사로잡는 사슬들이 무엇인지 차분하게 음미하며 그로부터 벗어나도록 돕는 방식이다.

· **나지사 명상**: 나지사 명상이라는 이름은 대화의 어미에 해당하는 어구 '~구나, ~겠지, ~감사' 의 마

지막 세 글자를 합쳐서 붙여졌다. 탐·진·치의 마음이 일어날 때 그에 휩쓸려 들어가지 않고 바라다보는 힘을 기르기 위해 활용할 수 있는 방편의 하나가 나지사 명상이다. 예를 들어, 어떤 사람이 '너 추남이야.'라고 말할 때 속이 상해 화를 터뜨리는 대신, '저 사람이 나를 추남이라고 하는구나. 나를 추남이라고 말할 만한 사연이 있겠지. 그래도 이새끼 저새끼라고 욕 안 하고 추남이라고만 했으니, 그만한 게 감사하지.'라고 생각하며, 마음을 돌리는 것이다. 동사섭에서는 이 명상을 100사례 이상 실시할 것을 권한다.

· **지속 명상:** 지속 명상은 존재하는 것 자체가 이미 족하고 충분하다는 사실을 깨닫게 하는 명상법이다. 앞에서 언급한 지족자아관도 지족 명상에 속한다. 지족자아관 이외에 동사섭에서는 사물 지족 명상도 하는데, 흔히 주전자를 대상으로 연습한다(물론 주전자 이외에 세상의 모든 대상이 사물 지족 명상의 대상이 될 수 있다). 주전자를 앞에 놓고 그 존

재의 귀함과 고마움을 명상하는 것이다. 예를 들어, "주전자여, 당신은 눈덮인 한적한 간이역의 연탄난로 위에서 나그네의 추위를 녹여 주는 따스함입니다. 주전자여, 당신은 가꾸려 하지 않고 꾸미지 않고, 때 끼면 때 낀 그대로 닦으면 닦인 그대로, 풀어야 할 한도 없이 집착할 목표도 없이, 모든 것을 주인에게 맡기고 순종하는 마음이 가난한 자입니다. 주전자여, 당신은 무엇이든 되어 줍니다. 물을 담으면 물주전자, 술을 담으면 술주전자, 똥을 담으면 똥주전자가 됩니다. '이것은 되고 저것은 안 돼!' 하는 시비가 없이 자기 주장을 하지 않습니다…(최동춘, 2003)."

사람에 대한 지족 명상으로 절 명상이라는 것이 있다. 절 명상은 어떤 사람 앞에서 그 사람을 위하여 간절하게 기도하는 마음으로 "당신은 우주의 훌륭한 에너지입니다. 행복하세요. 몸 건강하시고, 소원하는 것들 두루 이루시고, 마음 크게 자유로워지시고, 주변에 사랑을 베푸시는 존재 되십시

오. 감사합니다."라고 말하면서 온 정성을 다 쏟아 절을 하는 명상이다. 상대의 존재 자체를 찬탄하는 이 명상은 그야말로 상대의 인격을 있는 그대로 존중하는 인간 존중 사상의 정수를 표현하는 행위라고 말할 수 있다.

· 느낌 쓰기: 동사섭은 내면에서 일어나는 작은 느낌을 기적의 미세정서라고 이름 붙일 정도로 중요하게 여긴다. 인격을 형성하는 핵심 개념으로서 행복의 본질을 구성하고 공동체의 평화를 가져오는 힘이 미세정서에 담겨 있다고 본 것이다. 용타 스님은 미세징서에 눈을 뜨면 감정 퇴회가 예방되고, 심층 심리 영역이 정화되며, 한(恨)과 생리적 경직도가 풀리고, 부정 감정의 작용이 예방되며, 밝게 사는 토대가 형성될 뿐 아니라, 인간에 대한 경외감과 신비감이 심화되고, 혼에 관심을 기울이는 인격이 길러지며, 의식의 영원성을 감지하는 효과가 나타난다고 주장한다. 한마디로 말해서 미세정서를 놓치면 인생을 놓친다는 것이다. 그렇다

면 이 미세정서를 감지하고 그 흐름을 잡아 내기 위하여 어떻게 해야 할까? 느낌 쓰기는 미세정서를 알아차리고 알아차린 느낌을 기록하는 작업을 말한다. 동사섭에서는 이 느낌 쓰기를 매우 강조한다. 느낌 쓰기를 통해 내면에 흐르는 미세한 느낌을 구체적으로 잡아 낼 수 있다고 보기 때문이다. 느낌 쓰기는 두 가지 요소를 포함하여 기록된다. 느낌이 일어나게 된 원인이나 이유 그리고 그로 인해 생겨난 결과로서의 느낌을 적는 방식이다. 예를 들어, '미세정서에 대하여 쓰라는 과제를 받으니 마음이 무거워진다.'는 식이다. 이런 방식으로 가능한 한 많은 미세정서를 적도록 하는데, 동사섭 수련 기간 최소 100개 이상 기록하는 것을 목표로 삼는다.

· **건강바라밀**: 마음 수련의 연장 또는 마음 수련을 보조하는 방편으로 몸의 건강을 북돋우는 건강바라밀이 있다. 건강바라밀에는 단식, 호흡, 요가, 운동, 활원 등이 포함된다. 동사섭 훈련 기간의 정

규 프로그램에는 건강을 증진시키기 위한 특별한 프로그램을 진행하지는 않는다. 다만 아침 일찍 원하는 사람들을 대상으로 몸을 푸는 가벼운 몸체조를 실시한다(국선도).

· **행동 명상**: 거침없는 자유인이 되는 길을 심리주의적 접근법과 행동주의적 접근법으로 나누어 볼 수 있다. 심리주의적 접근법은 심리적 장애를 제거함으로써 자유에 도달하려는 방법이고, 행동주의적 접근법은 마치 장애물이 이미 해결된 것처럼 행동을 해버리는 방법이다. 행동 명상은 행동주의적 접근에 속하는 것으로서 복잡하게 따지지 않고 일단 행동으로 저질러버리는 명상이다. 화가 나면 화를 내고, 슬플 때는 울어버리고, 기쁠 때는 마음껏 소리쳐 즐거워할 때 마음속에 쌓인 탁한 기운이 풀어지고 평안해진다.

동사섭에서 행동 명상은 가슴을 풀어헤치고 마음껏 웃어대는 '가가대소,' 한 마리 개가 되어 짖어대는 '개장,' 물건을 팔기 위해 악다구니를 치는

'중앙시장 장사치,' 사정없이 몸을 뒤흔드는 '남행열차 춤추기,' 뜻모를 어구를 마구 토해 내는 '무개념 스피치,' 상스러운 욕을 쏟아놓는 '욕하기,' 네 발로 기는 개가 되어 상대방과 싸우는 '개싸움' 등이 있으며, 희·로·애·락 네 마당으로 나누어 각각의 감정을 연이어 과장하여 표현하는 행동 명상을 실연한다.

4. 화합의 원리

화합의 원리는 이웃과 좋은 관계를 가져야 한다는 원리다. ~한 내가, 모두의 행복을 위하여, 스스로 수심(修心)을 잘 한다면 개인적으로 행복을 누리고 살 수 있을 것이다. 더 나아가, 세상살이가 나 혼자 사는 것이 아니라 이웃과 더불어 공존하는 것이므로 주변 사람 내지는 일체 존재와 평화로운 관계, 화합하는 관계를 가진다면 더 큰 행복을 누릴 수 있을 것이다. 그렇다면 다른 존재와 어떻게 화합할 것인가? 동사섭 수련회에서는 화합(和合)의 원리를 지원하는 다음의 방편들을 훈련한다.

· **마음 나누기**: 서로 화합을 하려면 무엇보다도 마음이 서로 통해야 한다. 마음이 통하지 않은 화합은 머지않아 무너질 공산이 크기 때문이다. 사람들끼리 마음이 통하려면 마음 나누기를 잘 해야 한다. "나누기란 주고받기다. 내 감정을 주고(표현) 상대방 감정을 받음(반응)이다. 주려면 주어야 할 내 감정을 감지(포착)해야 한다. 받으려면 상대방 감정을 알아야(공감)한나. 즉, 마음 나누기란 나의 감정을 감지 · 표현(주기)하고 상대방 감정을 공감 · 반응(받기)하는 것이다(용타 스님, 2001, p. 55)." 물론 마음을 나누기 위해서는 상대방에 대한 적극적인 관심이 밑바탕에 깔려야 한다. 마음에는 겉마음과 속마음 두 가지가 있다. 겉마음은 대상을 지각 · 인지하는 과정이고, 속마음은 인지 과정에 수반하

는 정서·느낌을 일컫는다. 뱀을 보고 뱀이라고 알아보는 과정이 겉마음이라면, 뱀인지 알아보고 놀라는 반응이 속마음이다(동사섭에서는 겉마음을 촛대, 속마음을 불꽃이라고 표현한다). 마음 나누기에서 나누는 마음은 바로 속마음을 말한다.

마음주기 훈련은 감지한 느낌을 적절한 언어로 표현하는 데 집중된다(가능하면 손으로 자신의 가슴을 짚고 이를 상대에게 전해 주는 동작을 곁들이는 것도 좋다). 이때 촛대와 불꽃의 순으로, 다시 말하면 겉마음에서 속마음으로 이어지는 문장을 만들도록 한다. '뱀을 보니 소름이 끼치는군요.' '앞장서는 용기가 부럽습니다.' '볼륨 있는 음성이 마음을 편하게 해 주는군요.' 등을 예로 들 수 있다.

마음받기 훈련은 상대방의 말에 적절하게 반응하는 언어 표현에 집중된다. 이 훈련의 내용은 첫째, 상대방이 표현한 말을 앵무새처럼 반복하기, 둘째, 표현 속으로 스며들어 상대방의 속마음으로 자맥질해 들어가기, 셋째, 상황에 맞는 자신의 느낌 표현하기 등 삼박자로 구성된다. "우리집 애가 일류 대학에 합격했어요!"라는 말에 "따님이 일류 대학에 합격했다구요! 따님이 좋은 대학에 들어가서 정말 흡족하시겠어요. 진심으로 축하드립니다."는 반응이나, "왜 우리집 애들은 나를 무시하는지 모르겠어요."라는 말에 "자녀들이 엄마를 무시한다구요, 자녀들이 무시한다고 여겨져서 무척 속이 상하시겠어요. 가끔 저도 그런 경우가 있는데, 그럴 때에는 참 답답하고 화도 나구 그렇더군요."라는 반응을 예로 들 수 있다. 한마디로 말해 마유받기 훈련은 공감적 반응 훈련이라고 요약할 수 있다.

· 아하점 나누기: '아하!'는 감동이 될 때 자연적으로 터져 나오는 탄성이요, 감탄사다. 사람마다 감동을 느끼는 수준에 다양한 편차가 있다. 어떤 사람은 아주 작은 일에도 감동을 하는데, 어떤 사람은 좀처럼 감동할 줄 모른다. 감동할 줄 모르는 사람은 인생을 매우 무미건조하게 사는 사람이다. 감

동은 인생을 풍부하고 윤택하게 만드는 활력소이기 때문이다. 감동을 잘 느끼려면 아하점을 낮추고 다른 사람들과 더불어 감동을 나누는 훈련을 해야 한다. 이를 위해 조그맣더라도 내면에서 아하점이 일어나면 이를 예민하게 감지하고 더불어 나누는 훈련을 할 필요가 있다. 앞에서 말한 미세정서에 민감해지면 아하점을 낮추는 데 도움이 될 것이다. 그런 점에서 지속적인 느낌 쓰기가 큰 도움이 될 것이다.

· **저지르기**: "삶은 곧 표현이다. 그러면 무엇을 표현할 것인가? 포착되는 마음이다. 순간순간 흐르는 흐름(감정·마음·기분·정서·혼의 첫소리·떨림)을 포착하면서(감지하면서) 그것을 드러내어 보아라. 그런데 그렇게 해야 하는 줄 알면서도, 그렇게 하고 싶으면서도 잘 되지 않는다. 흐름 포착이 잘 안 되어 표현이 안 되는 것은 말할 나위 없지만, 포착된다 해도 표현 자체가 잘 안 된다(용타 스님, 2001, p. 66)." 여기에 필요한 것이 이것저것 사정

가리지 않고 저질러 보는 것이다. 어색하고 힘들다고 머뭇거리거나 뒤로 빼지 않고 과감하게 자신의 마음에 있는 내용을 표현하는 것이다. 이렇게 하다보면 자신을 표현하는 일이 점점 자연스러워진다. 저지르기는 동사섭 프로그램에서 매우 강조하는 덕목 중의 하나다.

· **촐랑대기**: 촐랑대기란 눈치와 체면을 벗어버리고 생기발랄한 천진함을 되찾아 가는 방법이다. 사람들은 성인이 되면서 점차 천진난만함을 잃어 간다. 그리하여 인격이 딱딱하게 경직되어버린다. 여기에 좋은 치유 방법이 어린아이처럼 촐랑거리는 행동이다. 우스꽝스러움을 무릅쓰고 촐랑거리다보면 마음이 부드러워지고 삶이 즐거워진다. 아울러 주변의 분위기를 가볍고 밝게 함으로써 쉽게 어울릴 수 있는 계기를 만들어 준다. 촐랑대기는 저지르기와 더불어 형식과 틀에 박힌 삶의 자세를 바꾸는 도구로 활용된다.

· **물컵 명상**: 원래 물컵 명상은 동사섭 프로그램을

마무리하는 자리에서 행해지는 명상으로서 수심, 화합, 작선의 요소를 모두 포괄하고 있으나, 화합의 원리에 가깝다고 여겨져 여기에 포함시킨다. 물컵 명상은 맑은 물이 담겨 있는 물컵에 잉크를 떨어뜨려 오염시키는 과정으로 시작된다. 잉크가 떨어져 오염된 물을 정화시키려면 어떻게 해야 할까? 가장 좋은 방법은 잉크물과 다투거나 싸우는 대신 오염된 잉크물에 맑은 물을 붓는 것이다. 계속해서 맑은 물을 붓다 보면 어느새 잉크는 사라지고 맑은 물로 물컵이 차게 된다. 사람의 행동, 사람의 마음도 이와 마찬가지다. 문제행동, 병든 마음을 치료하는 가장 좋은 방법은 이를 탓하고 비난하는 대신 좋은 점, 긍정적인 점을 찾아 격려하고 칭찬해 주는 것이다. 삶의 어두운 면이 아니라 밝은 면을 들추어냄으로써 삶을 밝게 만들어 나가도록 돕는 방법이다. 수련자들은 자기 마음속에 잉크처럼 가라앉은 찌꺼기를 되돌아보고, 거기에 맑은 물을 부어 정화하는 고백 명상을 실행한다.

5. 작선의 원리

작선의 원리는 바람직한 행동을 해야 한다는 원리다. ~한 내가, 모두의 행복을 위하여, 스스로 수심하고, 함께하는 이웃과 화합(和合)을 하여 사이좋은 관계가 된다면 매우 행복한 삶을 영위할 수 있을 것이다. 여기에다 책임과 의무가 부여된 소임(所任)과 비소임(非所任) 영역의 다양하고 구체적인 활동이 더해진다면 이상적인 공동체가 구성될 것이다.

작선의 원리를 지원하는 방편은 다음과 같다.

· **소임**: 소임은 각자에게 주어진 역할을 말한다. 예를 들어, 가정에서 필요한 소임을 꼽아 보면 아버지는 아버지의 역할, 주부는 주부의 역할, 자녀는 자녀의 역할이 있다. 또 가장의 경우 가족의 경제생활을 책임지기 위하여 일정한 직업을 갖고 경제활동에 종사할 필요가 있다. 이렇게 주어진 위치에서 자신이 해야 할 일을 훌륭하게 수행하는 일

이 작선에 속한다. 소임에 관한 작선은 일상생활 속에서 구체적으로 실현되어야 하므로 동사섭 훈련에서는 많이 다루지 않는다.

· **비소임**: 비소임은 책임과 의무로 강제되지는 않지만 사람들 사이의 갈등을 해소하고 바람직한 인간관계를 맺는 데 큰 역할을 할 수 있는 방편들을 말한다. 아울러 선업을 쌓음으로써 개인의 내면을 정화하고 보다 나은 사회를 건설하는 데 이바지하는 역할을 한다.

— **보시**: 무엇인가를 베푸는 보시에는 물질적인 도움을 베푸는 재시(財施), 진리와 지식을 베푸는 법시, 마음을 편안케 해 주는 무외시(無畏施)가 있다. 상대방에 대하여 좋은 느낌을 표현해 주는 것은 무외시에 해당한다. 동사섭에서는 교류사덕(交流四德)의 하나로서 보시를 강조한다. 먼저 보시록을 작성하되, 왼편에는 이미 행한 내용을, 오른쪽에는 앞으로 행하겠다는 결심이 담긴 내용을 기록한다. 매일매일 보시를 실천하고 이를 보시록에 기

록하도록 한다.

– **감사**: 감사 역시 교류사덕의 하나로서 자기가 받은 것을 기억하고 이에 대한 고마움을 표현하는 행위를 말한다. 매일매일 감사할 거리를 찾아 감사하고 이를 감사록에 기록한다.

– **사과**: 자신이 남에게 잘못한 일, 용서받아야 할 일을 찾아내어 사과하는 것 역시 교류사덕에 속한다. 사과를 해야 할 사람, 사과를 해야 할 일을 찾아내 당사자에게 직접 사과함으로써 묵은 갈등을 씻어 내고 새로운 관계를 시작한다. 사과할 거리가 없어질 때까지 이를 찾아내어 사과하고 그 내용을 사과록에 기록한다.

– **자자청**: 살다보면 자신도 모르게 다른 사람에게 아픔과 상처를 줄 수 있다. 행위 당사자인 자신에게는 아주 자연스런 행동인데도 그것이 다른 사람에게는 아픔이 될 때도 있다. 자자청(自恣請)은 이런 상황에서 자신도 모르고 저질렀을 법한 잘못에 대해 사과를 청하는 행동이다. 예를 들어, 자자청은

다음과 같이 표현될 수 있다. "유석아, 아빠는 유석이가 아들이라는 게 자랑스럽고 정말 기분이 좋아. 그래서 유석이가 훌륭한 사람으로 성장하기를 바라는 마음 간절하지. 그래서 이런저런 이야기도 해 주고 미래에 대해서, 유석이 공부에 대해서 말을 많이 하잖니? 그런데 혹시 이런 것들로 인해 유석이가 마음 상하고 상처를 받는 일이 있지 않을까 걱정이 되는구나. 만일 그런게 있다면 이야기 좀 해 주지 않으련? 아빠가 나도 모르게 유석이에게 부담주거나 잘못하는 일이 있을 거야. 솔직히 털어놓아 보거라. 아빠가 진지하게 듣고 사과하도록 할께."

4

동사섭 프로그램의 실제

동사섭 수련회에서는 앞에서 언급한 내용을 중심으로 프로그램을 전개한다. 프로그램의 실제 전개 과정을 보면 특별한 시간을 따로 내어 훈련하는 내용과, 별도의 시간이 배정되지는 않지만 수련 생활 중 강조되는 내용이 구분된다. 예를 들어, 저지르기, 촐랑대기, 감사하기 등은 후자에 속하고 행동 명상, 지족 명상, 느낌 쓰기 등은 전자에 속한다.

동사섭 수련회에서는 주바라밀, 조바라밀, 세바라밀이라는 용어가 자주 등장한다. 주바라밀과 조바라밀은 깨달음을 향하는 마음 수련과 관련된 것으로서 주바라밀은 수련자가 주로 치중해야 할 방편을, 조바라밀은 주바라밀을 돕는 방편을 뜻하는 것으로 보이며, 세바라밀은 화합과 작선을 지원하는 세밀한 방편들을 뜻한다. 용타 스님(2001)은 염불선·간화선·묵조선·비파사나·주력·공관·법계관·일심산관 등을 주바라밀에, 지족 명상·나지사 명상·행동 명상 등을 조바라밀에 속하는 것으로 보고 있으나, 이를 고정된 것으로 보지 않고 수련자의 선택에 따라 다를 수 있다는 견해를 피력하고 있다. 용타 스님 개인적으로는 염불선을 주바라밀로 삼고 있다고 한다. 동사섭 수련회를 전체적으로 살펴보면 주바라밀보다는 조바라밀과 세바라밀을 보다 강조하고 있음을 알 수 있다. 주바라밀에 전념하기 이전에, 또는 주바라밀에 전념하고 있더라도 탐·진·치의 작용을 정화시키는 작업이 중요하다고 보기 때문이다. 더구나 아직 마음 수련에 익숙하지 않은 사람들에게는 이 방편들이 보다 실제적이고 손에 잡히는 체험으로 여겨질 수 있다.

삶의 5대 원리를 실현하는 방편들 속에는 마음 알

기, 다루기, 나누기가 섞여 있다. 대체로 정체의 원리를 지원하는 방편은 마음 알기, 수심 방편은 마음 알기와 다루기, 화합과 작선 방편은 마음 나누기에 집중되어 있지만, 어떤 명상법에는 세 가지 또는 두 가지 마음 수련이 함께 포함되어 있다. 예를 들어, 출랑대기는 마음 나누기에 도움을 주지만 마음을 알고 다루는 데에도 영향을 주는 명상법이다.

동사섭의 원리나 논리적인 순서에 비추어보면 마음에 대한 접근이 마음 알기 → 마음 다루기 → 마음 나누기로 이어질 것이라는 예상을 할 수 있다. 하지만 동사섭 프로그램의 실제에서는 이 순서가 마음 나누기 → 마음 다루기 → 마음 알기로 역진되어 있다. 삶의 5대 원리가 전개되는 순서를 살펴보아도 마찬가지다. 동사섭 수련회는 들어가기에 이어 화합의 원리 → 작선·대원의 원리 → 정체성·수심의 원리로 이어진다. 마음의 정체를 이해하는 일이 중요하기는 하지만, 보다 실제적이면서도 실행이 쉬운 활동으로부터 프로그램을 시작하는 편이 효과가 높다는 판단을 한 것 같다.

1. 동사섭 수련 일정(예)

■177차: '03.7.24~7.29 ■삼동원

일자 / 시간	1일자 7.24(목)	2일자 7.25(금)	3일자 7.26(토)	4일자 7.27(일)	5일자 7.28(월)	6일자 7.29(화)
06:30 / 07:00 / 07:30 / 08:00 / 08:30 / 09:00		청결하게 처리된 삼동원의 아침 식사		무엇에서 여명으로 / 청결하게 처리된 삼동원의 아침 식사	초월 영상 -나지사 명상 구나/정지/감사	(소그룹 9마당) -동사섭 소감문 발표, 공유, 공감
10:00 / 11:00 / 12:00		존중·마음 나누기 -합(여자)/심(대표현) -나누기(금장, 반응) / (소그룹 2마당) -결·눈 소리 -표현 공감하기	교류분석 -부시(속) 감사(속) / 사과(속) 자녀청 / (소그룹 4마당) -자녀청 작성 발표 / 피드백	수심·총문 -구원살터 정화 -행동행의 원리 / (소그룹 6마당) -자족 영상· -주진사 감사 발표	(소그룹 8마당) -나지사 명상문 작성 발표 실행	(전체 4마당) -동사섭 소감문 발표 공유, 공감
14:00 / 15:00 / 16:00 / 17:00 / 18:00	삼동원으로 / 접수 -별명짓기 / 실이 5대 원리 3행(자신,화평,수심)+ 2행(창조발전, 대원)	주기·받기의 원리 -주기(Ⅱ) -받기(Ⅱ)3박자 / (소그룹 3마당) -주기·받기3박자 실행	정대와 금강장려 -상력 경성요인: '사랑' / (소그룹 5마당) -아이의 양상의 실행 정청하기	(전체 2마당) -자족 영상· 사랑(생) 영상 -소그룹 음발 / (소그룹 7마당) -신안문 작성 발표 -'이동제' 규정점 쓰기	진지한 학습 뒤의 같은 정성 식사와 테마가 있는 휴식	빛과 기운체함과 기쁨을 안고 이제 돌아가기까지
19:00 / 19:30 / 20:00 / 21:00 / 22:00	(소그룹 1마당) 3행(자신,화평,수심)+ 2행(창조발전, 대원)	가치의 미세정서 -'별의성' 낮추기 -'아채산' 낮추기	(전체 1마당) -행동주의, 행동화, 가가대소, 하노예보, 중앙시장, 계세움, 화내기, 웃어대리기	(전체 3마당) -'이동제' 규정점 발표 공간, 성진	(전체 3마당) -못을 물 못기 인사, 정회, 희망	

하루의 긴장을 위한 저녁 식사

의식에 돌기

동사섭 수련회의 실제에 대한 이해를 높이기 위하여 수련회 일정과 여기에 참여한 사람들의 소감문을 살펴보도록 한다. 아울러 즐겨 인용되는 촌철에 대해서도 알아본다.

2. 소감문

♥ 정견님의 소감문('정견'은 수련자가 사용한 별칭임. www.dongsasub.org)

동사섭을 알게 된 것은 나에게 있어서 행운이었다.

마음 공부를 할 수 있을 것이란 어머니 말씀에 치음에는 '뭐 얼마나 누움이 될까? 또 과연 내가 잘 알아들을 수 있을까?' 하는 생각에 조금은 망설여졌지만, 해인사 수련회를 통한 자신감이 어느 정도 상승되어 있었던 터라 무작정 저질러 보기로 하였다. 첫 동사섭의 강의를 듣기 위해 대법당에 모였을 때 내 나이 또래의 사람이 없다는 생각에 약간은 실망도 했었지만 이는 곧 사라졌다.

어쩌면 어렵게 들릴 수 있었던 선문답 같은 질문들, '인생을, 역사를 이끌어 가는 두 바퀴는?' 이란 질문으로 시작되는 첫 강의는 지금 이 순간 이렇게 내 앞으로의 인생을, 내 생각을 송두리째 바꿔 놓으리란 서막을 알리듯이 나에게 재미와 흥미를 가져다주었다.

항상 어렵게만 추상적으로 생각했던 행복을 知와 行을 통해 순간순간 즐기라는 그 말씀이 너무나 큰 충격으로 다가왔다. '지금까지 내가 얼마나 행복한 순간들을 많이 잃었는가?' 하는 생각 때문에 너무나 억울하였다.

"성실하고 시간 약속을 잘 지키는 나는, 나와 알게 모르게 인연 있는 모든 사람들의 행복과 건강과 행운을 위해 항상 수심하고 화합하며 작선하며 살겠습니다!"라는 5대 원리 선언을 통하여 나 이외의 다른 사람의 행복을 빌어줄 수 있어서 너무 행복했다.

인생의 3박자와 촛대 + 불꽃 문장을 통하여 한 문장으로 내 순간순간의 느낌을 적고나니, 그 매순간의 행복을 누릴 수 있어서 너무 황홀하였고, 인생의 3박자 '누려라, 제껴라, 저질러라' 는 앞으로 내 인생의 큰 축으로 자리잡았다.

관심을 바탕으로 감지 + 표현을 통한 주기와 공감 + 반응을 통한 받기를 이용하여 마음 나누기 하는 방법을 배웠는데, 주기는 촛대불꽃, 받기는 앵무새, 자맥질 등을 이용하면 상대방의 마음을 최대한 공감하면서 좋은 관계를 유지시켜 나갈 수 있을 것 같아서 관계 개선에 많은 도움이 될 것 같다.

또 매사에 비교적 감동이 적다고 알았던 나는 아하선 낮추기와 15가지의 기적의 미세정서를 통하여, 나도 감정이 풍부했지만 단지 그것을 표현하는 데 서툴렀다는 생각을 가지게 되었다. 나의 눈높이를 조금만 낮추니 모든 것이 감동이며 감사할 거리로 변하여 내게 다가왔다. 또 가장 돈들이지 않고 쉽게 보시할 수 있는 복바가지를 바로놓기를 통하여 나도 항상 기분이 좋고 다른 사람도 기분이 좋게 만들어 주어서 기쁘다.

또한 화합의 한 부분인 교류4덕을 통하여 항상 보시, 감사하며 살 수 있게 되고 자자청과 관용, 용서를 통하여 타인과 주고받는 피드백을 항상 감사하고 기쁘게 받아들일 수 있었나.

슬픔과 화가 쌓이면 세상을 공격적, 부정적으로 바라보고 미성숙한 행동을 하게 되는데, 감정을 억누르지 않고 저질러버리기를 통하여 그동안 내 안에 알게 모르게 쌓였던 부정적인 생각들을 다 털어버리고 나니, 너무나 가벼운 깃털처럼 몸이 가벼워져 하늘로 날아갈 것만 같았다.

우리는 탐·진·치 3독의 노예가 되어 항상 찌들고 행복보다는 불행에 많이 노출되어 살았었는데, 주관적 필터의 정화를 통하여 더럽고 부정적인 것들로 차 있던 마음을 비우고 그 공허함을 메우기 위해서 자비로 가득 채워 넣었다. 또 항상 조금의 생각의 전환으로 행복하게 살 수 있으나, 어리석게 생각을 전환하지 못하여 불행하게만 살았는데, 기존·기성(이미 있는 것, 이미 성취한 것)을 되돌아보고 그 단순한 행동으로 감사하고 행복한 삶을 살 수 있다는 것을 알게 되었다.

다른 사람이 이 세상 그 어느 것보다도 존귀하다는 것을 알고, 그것을 절로써 표현하여 겉으로는 타인에 대한 존경을, 안으로는 타인 속의 거울에 비추는 나의 모습을 바라보고 나를 다시 돌아볼 수 있는 계기가 되어 조바라밀의 하나인 지족 명상을 통해 삶의 기쁨을 다른 맛으로 느끼게 되었다.

또 나지사 명상을 통하여 좋게좋게 넘길 수 있던 일도 과민하게 대응했었던 나의 미성숙한 행동에 가차없는 매질을 가하였고, 항상 긍정적으로 생각하고 나보다는 타인의 입장에서 나의 주관을 제거하고 객관적으로 상황을 바라보는 눈을 뜨게 되었으며, 감사의 소중함을 다시 한 번 깨닫게 되었다.

명상의 주바라밀인 옴나 명상으로 가는 길에 있는 또 하나의 명상인 독배 명상. 독배를 마신다는 화두를 가지고 독배를 마시지 못하게 하는 사슬을 끊어 나가는 것인데, 나는 너무 이상하리만큼 떠오른 사슬들이 이내 끊어져버리고 너무나 편안한 상황이 되어 영화나 말로만 듣던 공중부양을 한 것과 같은 붕 뜬 느낌을 받았다. 물론 마음까지 붕 떴다면 수많은 번뇌로 괴로웠겠지만, 마음만은 태평양 저 깊은 곳보다도 더 깊이 가라앉았다. 실로 얼마 되지 않은 내 20년 인생의 최고의 순간이었다.

나를 찾는 비아 명상과 생각은 제외하고 가정만을 이용한 옴나 명상은, 모든 것을 스펀지가 물을 빨아들이듯이 거침없이 강의 내용을 섭렵해 가던 나에게 조금 더 수양을 해야 접근할 수 있다는 메시지를 전달하였고, 그 메시지를 통하여 다시 한 번 나를 낮출 수 있는 계기가 되었다.

아주 조금의 오염물이 멀리 널리 퍼졌다는 생각을 하지 못한 채 물이 더러워졌다는 것, 더러운 섟을 집어 내려고 전쟁하는 인류 역사가 벌인 두 가지 오류를 맑은 물 붓기를 통하여 인식의 전환을 하는 계기가 되어 나의 미성숙함을 다시 한 번 절실히 깨달았다.

이러한 5일 동안의 강의를 통해 이제는 수련회가 끝나는 것을 몇 시간 앞둔 이때 또래의 사람이 없다는 이유로 원망했던 내가 다른 수련생들보다 더 어린 나이에 동사섭을 알게 되어 그들이 살아오며 겪었던 많은 시행착오와 좌절들을 피해갈 수 있는 길잡이를 얻게 되었고, 설사 미처 발견하지 못한 함정에 빠지더라도 빨리 헤쳐나올 수 있다는 자신감을 얻게 되었다. 또 용타 스님의 동사섭맨이 되자는 말씀에 동사섭의 기본 교육을 마치고 이것으로 중급, 고급 과정을 수련하고 동사섭을 뚫어 현등님, 인산님과 같은 돕는 분들의 수준까지 가 보자는 목표를 세우게 되었고, 나에게 강의를 통해 최고의 선물을 주신 용타 스님께 나도 돕는 이가 되어 화답해야겠다는 생각까지 들게 되었다. 또 수련비 40만 원이 비싸다고 투덜거림 때문에 스님께 참 죄송했는데, 그 죄송함을 털어버릴 기회를 제공해 준 어머님, 인산님께 너무 감사하다. 나는 40만 원의 본전만 찾고 가는 것이 아니라 적게는 400만 원, 많게는 4,000만 원의 가치로도 바꾸지 못할 많은 것을 스님에게서 빼앗아가는 것만 같아서 죄스럽기도 하고 감사하기도 하다.

항상 웃고 즐겁게 생활할 수 있는 분위기를 조성해 주신 우리 조원분들 감사합니다.

항상 동사섭에서 배운 것을 습으로 익혀 진정한 동사섭 맨이 되겠습니다.

내 인생의 등불을 밝혀주신 용타 스님께 다시 한 번 감사 드립니다.

❖ 바다님의 소감문('바다'는 수련자가 사용한 별칭
  임. www.dongsasub.org)

  삼동원에 도착하기 전까지는 설렘 반, 두려움 반이었다.
삼동원에 도착하였을 때 두려움은 사라지고 편안한 기분
을 느끼고, 설렘에 가슴이 떨렸다.

  거울님의 강의를 들으면서 새삼 느꼈던 것은 '그동안
생각 없이 눈앞의 현실에만 집착하며 살았구나!' 하는 반
성과, 저렇게 중요한 것들을 여태 생각하지 못하고 살아온
내 자신에 대한 안타까움이었다.

  삶의 목적, 우리 모두가 행복해지기 위한 방법으로 이상
공동체의 5대 원리에서 물컵 명상까지 모든 것 하나하나가
나의 재산이 되었다.

  5대 원리를 한 번 한 번 반복하면서 나에 대한 소중함과
타인에 대한 존경과 함께 우리 모두의 행복을 비는 마음이
커져 가고 있음을 느낄 수 있었다.

  "세상에서, 소중하고 가치롭고 바다처럼 넓고 깊은 마음
을 가진 나는, 우리 모두의 행복을 위하여 안으로 수심하
고, 모두 함께 화합하고, 작선하며 살겠습니다."

  다른 사람들과 마음 나누기를 하면서 그 사람의 마음을
이해하고 공감하고 같은 마음에서 이야기하는 것이 진심

이 아니면 매우 힘듦을 느꼈다.

그동안 지식으로만 알고 머리로만 실천했을 뿐 가슴으로 실천하지 못했다는 것을 알았을 때, 씁쓸함을 느꼈다. 그러나 한 사람 한 사람, 한 번 두 번 온 마음을 기울여 듣고 공감하고 반응하려는 노력을 하면서 사람 사이에 통하는 따뜻한 마음을 느낄 수 있어서 행복했다.

미세정서 강의를 듣고, 주전자의 소중한 감사점(긍정점)을 찾고 나누는 속에서 아하~! 이렇게 보잘 것 없어 보이는 작은 것에도 이렇게 많은 감사할 것이 있는데, 하물며 나는, 사람은 어떻겠는가? 하고 떠올리니 세상 모든 것이 경이로워 보였다.

'나는 그동안 별로선을 70에 맞추고 살아왔구나. 내가 가진 것이 이토록 많고 귀한 것을…' 하는 생각이 들었다.

교류사덕을 작성하며 누군가를 위해 베풀 수 있고, 감사할 수 있고, 용서를 빌 수 있고, 용서할 수 있는 것이 내가 가진 소중한 마음임을 느꼈다.

양장력과 음장력… 양장력을 높이기 위해 서로에 대한 장점을 찾고 나누는 사이에 그 사람의 소중함과 가치로움이 내 마음에 와 닿는 것을 느낄 수 있었다.

행동 명상을 하면서 처음에는 무척 힘이 들었다. 얼마나 내 감정들을 억압하고 소중히 다루지 않았으면 자유롭게 표현할 수 있는 자유 앞에서도 이토록 힘들어하는가 하는 안타까움과 부끄러움이 느껴졌다. 그러나 무조건 그 순간에 빠져 미쳐 보자는 마음에 저지르고 나니, 자유롭고 억압으로부터 탈출에 의한 희열을 느껴서 행복했다.

진정으로 행복을 비는 마음과 감사하는 마음으로 절을 하고 받으면서 나는 지극한 행복을 느낄 수 있었다. 나를 위해 이토록 진심으로 빌어 주는구나! 하는 그 거룩한 마음에 눈시울이 붉어졌고, 진정으로 기원하며 절하는 동안 그분이 내 안으로 들어오는 것을 느낄 수 있었다. 그 순간 아하! 나는 누군가를 진정으로 사랑하고 있지 않았구나, 진정으로 사랑하는 마음이 이런 것을… 나도 이제는 진정으로 모두를 사랑할 수 있을 것 같았다. 여러 명상들을 하면서 눈물이 났다. 그동안 나에게 사슬이 되었던 모든 것이 사실 내가 그것들을 잡는 사슬이었다는 것을 깨닫는 순간, 마음에 얹혀 있던 짐이 사라지는 듯한 홀가분하고 자유로운 기분을 느꼈다.

독배 앞에서 그것을 기꺼이 들 수 없는 그것이 나의 욕심이고 어리석음임을 알았을 때, 그것을 끊어 내고 놓아 주었을 때, 비로소 자유로워지고 편안해지는 것을 깨달았다. 모든 것이 새롭고 경이롭게 보이는 순간이었다. 설레임이 가슴에 일어났다.

옴나 명상을 하면서 다시금 느껴지는 그 감각들이 모두 살아 있었음을 알 수 있었다. 모든 것의 생명에 존경스럽고 감사하다.

'내가 진정 무엇인가?' 라는 질문에 '나는 나일 뿐이다.' 그렇게 대답을 하였다. 그러나 그것이 나를 온전히 설명해 줄 수 없었다. 나는 모든 것이기도 했고, 또 아무것도 아니기도 했다. 결국 나란 실체는 그 무엇으로도 표현할 수 없는 공허라는 것을 알았다. 허탈하기보다는 편안하고 설레는 기분을 느꼈다. 모든 것에서 자유로우니 모든 것의 소중함이 보였다. 모든 것에 경의를 표하고 싶다.

거울님의 물컵 강의를 들으면서 나의 감정의 오염과 내가 다른 이에게 주었던 감정의 오염물이 하나, 둘 떠올랐다. 또한 물컵 명상을 하면서 마음으로 그간의 잘못을 빌고, 부모님의 소중함에 감사드렸다. 그리고 이토록 잘 살고 있는 내게도 감사하고 싶었다.

이제는 내가 가진 모든 것에 감사함을 드리고 소중한 세상, 모든 것에게 진심으로 행복을 기원하는 절을 올리고 싶다.

이런 깨달음을 주신 동사섭과 용타 스님께 큰절을 올리고 싶습니다. 감사합니다.

아울러 우리 그룹 조원님들, 우리들을 잘 이끌어 주신

인산님과 용타 스님께 진심으로 감사 드립니다.

3. 촌철

동사섭에서는 마음을 닦고 행복하게 사는 데 도움이 되는 원리와 지식을 짧은 어구로 표현하고 있는데, 이를 촌철(寸鐵)이라고 하다. 동사섭 수련이 진행되는 동안 용타 스님은 곳곳에서 촌철을 소개하고 이의 활용을 강조한다. 수련회에서 자주 거론되는 12대 기본 촌철의 의미를 간단히 요약해 보자.

1) 주제와 패턴

습관화되어 있는 패턴적인 삶은 쉽고 편하지만 변화 발전을 기대하기가 어렵고, 의도된 주제의 삶은 다소의 어려움이 느껴진다 해도 삶을 변화시키고 발전시킨다.

2) 원리(형식)가 대가를 낳는다

어느 경우에나 전체를 하나로 아우르는 형식이나 원리가 있는 법이다. 이 원리나 형식을 손에 쥔 사람은 전체를 얻는 법이다.

3) 보리밥촌

평소 쌀밥을 좋아하는 사람이 보리밥촌을 여행하게 되었다면 얼른 쌀밥을 포기하고 보리밥 먹을 각오를 해야 한다. 그런데 보리밥밖에 없는 곳에서 쌀밥을 기대하면서 저항을 하고 있다면 물론 어리석은 일이다. 동사섭 수련장에서 엔카운터링이나 집단 상담을 기대하지 말고 신속하게 주제 파악을 하여 거기에 집중하라.

4) 천재란 반복이 낳는다

형식이 대가를 낳듯, 그 형식을 익히기 위해서는 반복 연습이 절대로 필요하다. 동사섭에서는 특히 반복 실습을 중요시한다.

5) 저질러라

생각이 필요할 때는 생각을 하고, 말이 필요할 때는 말을 하고, 행동이 필요할 때는 행동을 하는 것이 바람직하다. 그런데 이를 잘 하지 못하는 것이 보통사람들의 현실이다. 왜 그럴까를 논하기 전에 일단 저질러 보는 것이 좋다. 그 다음 일은 다음에 걱정하면 된다.

6) 제쳐라

어리석은 사람이 잘 범할 수 있는 실수가 '불필요한 것(특히 과거)을 붙들고 있는 것'이다. 이 순간 그 어떤 것이 불필요하냐고 여겨질 때에는 민첩하게 제쳐버릴 수 있어야 한다. 대체로 '제쳐라'는 '저질러라'의 대칭 개념이다. 필요한 것은 저질러 행하고, 불필요한 것은 얼른 민첩하게 제치고 나아가라.

7) 되는 것을 세어라

인생은 과거, 현재, 미래의 연결고리다. 어리석은 자는 이미 지나간, 불필요한 과거에 집착하여 현재를 살지 못하고 미래에 대한 대책을 세우지 않는다. 불필요한 과거는 얼른 제쳐버리는 것이 현명하다. 그리고 이 순간 누릴 것은 누리면서 미래를 향해 적극적으로 나아가는 것이 현명한 삶의 자세다. 즉, 안 된 것은 제치고, 된 것을 확인하여 누리며, 미래를 향하여 저지르는 자세로 나아가면서 새로운 창조를 하라.

8) 지행득(知行得)과 안다병

알되 격물치지(格物致知)하여 아는가(知)를 살필 일이요, 온전히 삶의 내용으로 실천하는가(行)를 살필 일이요, 그 앎이 인격으로까지 체득되고 있는가(得)를 살필 일이다. 안다병에 걸린 사람은 다 아는 척하면서 앎에 있어서 겸손할 줄 모른다. 모름지기 사람은 안다병에 오염되어 있지는 않은지 살필 일이며, 항상 새로 배우고 깨우치는 자세로 임해야 할 것이다.

9) 촐랑대라

사람들은 어른이 되어 가면서 생기발랄한 천진성을

잃고 눈치와 체면이 늘어난다. 눈치와 체면으로 경화된 군살 인격으로부터 벗어나는 길은 무엇일까? 천진한 아이처럼 촐랑거려 보라. 한 번의 촐랑은 한 그램의 군살을 빼 주리라.

10) 악마의 설법

선생님이 밉다고 선생님의 가르침을 거부해버리는 어리석은 일이 종종 있다. 현인들이 말씀하시기를, 악마가 법을 설하거든 악마와 법을 혼동하지 말고 취해야 할 법은 취하라고 하셨다. 설법자를 보지 말고 설법의 내용에 귀를 기울여라.

11) 흡혈귀와 에너지원

어떤 사람은 자신의 문제를 스스로 잘 해결하는가 하면, 어떤 이는 상호공생의 방법으로 해결하기도 하고, 어떤 이는 흡혈귀처럼 다른 이의 관심이나 인정이나 사랑이 없이는 존재하기가 어려운 듯이 심하게 타인을 의식하고 타인에게 보챈다. 사람은 의존하지 않고 홀로서기 할 수 있는 법, 타인에게 심하게 의존해야 하는 흡혈귀 같은 미성숙함을 벗어나 나 홀로 그대로 오케이인 힘을 길러야 한다.

12) 아하점

감동이 없는 인생은 죽은 인생이다. 감동이 될 때는 자연발생적으로 '아하!' 하게 된다. 이미 아하임에도 아하임을 모르고 지나치는 둔감한 사람들이 있다. 죽은 인생이 아닌, 느낌 있는 인생을 살기 위해서는 우선 내 가슴에 조그맣게라도 일어난 아하점이 있다면 그것을 감지하고 나누어 볼 필요가 있음을 자각하고 실천하라.

5

동사섭 상담에 대한 평가

필자는 동사섭 상담을 이론적 측면과 실제적 측면으로 나누어 평가해 보고자 한다. 이론적 측면에서는 동사십 상담을 불교 상담으로 보고 불교 상담의 과제와 연관시켜 동사십 상담이 갖는 익미를 분식할 것이며, 실제적 측면에서는 사람을 변화시키는 상담 기법으로서의 효과를 평가하도록 한다.

1. 이론적 평가

박성희(2002)는 불교 상담에 관한 선행 연구를 고찰하고 불교 상담이 풀어야 할 과제를 아홉 가지로 나누어 제시한 바 있다. 이 중 여덟 가지 과제에 비추어 동사섭이 어떤 위치에 있는지 살펴보자.

첫째, 불교 상담을 심리치료에 한정하지 않고 이를 포괄하는 보다 큰 의미의 상담으로 자리매김하는 과제다. 동사섭은 상담 또는 수련의 목적을 '우리 모두의 지고한 행복'에 두고 있다. 이 지고한 행복 안에는 심리적인 갈등을 해소하는 일에서부터 삶의 궁극적 진리를 깨닫는 일, 열반의 경지를 체험하는 일, 이상공동체를 구성하는 일 등이 모두 포함된다. 따라서 동사섭은 심리치료적 효용성을 중심으로 전개되어 온 불교 상담의 지평을 확대하여 삶의 차원 전체를 그 안으로 끌어들이고 있다. 동사섭 상담의 수련 내용인 삶의 5대 원리 역시 동사섭의 목표가 단순히 심리치료에 머물지 않음을 보여 준다. 마음을 닦고 서로 화합하고 선한 일을 도모하는 활동은 보다 나은 삶을 위하여 누구에게나 요청되는 삶의 태도이자 과제이기 때문이다.

둘째, 불교 상담에서 종교의 냄새를 제거하는 과제다. 종교의 냄새를 제거하자는 말은 불교 용어를 쓰지 말자는 뜻이 아니라, 불교에 담겨 있는 신비적인 주장과 이론에 의지하지 말자는 뜻이다. 동사섭 수련의 강의와 실습은 거의 대부분 철저하게 실증된 내용을 중심으로 구성되어 있다. 따라서 수련자들은 학습한 내용을 스스로 체험함으로써(自證) 그 내용의 진위와 충실성 여부를 직접 검증할 수 있다. 예를 들어, 용타 스님은 촉(觸)에서 수(受)로 이어지는 연기의 과정을 매우 강조하고 있는데, 수련자들은 자신의 경험에 비추어 이 진술의 타당성 여부를 몸소 확인할 수 있다. 이런 점에서 동사섭은 불교적 사상에 바탕을 두되, 신비적인 요소를 과감하게 벗겨 내고 있다고 판단된다. 종교적 감동과 상담이 결합할 때 발생할 수 있는 '위험'을 스스로 경계한다는 측면에서 이는 매우 바람직한 현상이다. 동사섭 수련자들 중에 종교적 뿌리가 다른 목사,

신부, 수녀들이 많다는 사실도 음미할 만하다.

셋째, 불교 상담에서 활용하는 용어와 개념을 쉽게 풀고 다듬어 현대화하는 과제다. 용타 스님은 관념불교에 대하여 활불교(活佛教)를 강조한다. 활불교는 생활불교로서 순간순간의 삶이 부처님의 가르침에 위배되지 않은 것을 의미한다(용타 스님, 2001). 그런데 순간순간의 삶이 부처님의 가르침에 위배되지 않으려면 순간순간 무엇을 어떻게 해야 하는지에 대하여 분명한 좌표가 설정되어 있어야 한다. 동사섭에서는 이 생활의 좌표를 사람들이 쉽게 이해할 수 있도록 간단하고 명료한 언어로 표현하고 있다. 활불교의 핵심 방편이라고 할 수 있는 사성제, 팔정도, 12연기, 삼학, 육바라밀 등에 대해 쉽게 풀이한 것은 물론이고(용타 스님, 2001), 촌철, 나지사 명상 등 일반인이 쉽게 이해하고 따라할 수 있도록 불교의 원리를 대중의 수준에 맞게 재구성한 흔적이 곳곳에서 엿보인다.

넷째, 불교 상담의 실제 효과를 검증하는 연구와 관련된 과제다. 이 부분은 앞으로 동사섭 관련자들이 관심을 갖고 힘을 모아야 할 부분이다. 현재 국회도서관에 보관된 자료 중 동사섭에 대해 논의하거나 그 효과를 검증한 학문적 연구에는 임승환(1989)의 논문을 포함한 석사학위논문 8개, 학술논문 4개가 고작이다. 그것도 대부분 소집단 상담으로서 동사섭이 자기노출 반응, 피드백 반응, 자아개념, 자아실현, 자존감, 분노·우울·공격성 등에 미치는 효과를 분석한 계량 연구가 대부분이다(임승환, 1989, 1990; 이경임, 1992a, 1992b; 정순자, 1993; 이철희, 1993; 최윤경, 1994; 김유영, 1996; 황경열, 1997; 김창규, 1999; 장희정, 2003; 오재관, 2003). 동사섭이 짧은 수련 기간 동안 많은 사람들을 엄청나게 변화시키는 광경을 목도한 필자로서는 무척 아쉬운 부분이다. 앞으로 동사섭의 집단 과정과 효과를 검증하는 연구, 특히 질적 방법을 사용한 연구들이 많이 등장하기를 기대한다.

다섯째, 불교 원리를 상담 기법으로 개발하는 과제다. 동사섭 프로그램에는 사상적 뿌리가 다른 다양한 기법들이 포함되어 있다. 마음을 수련하는 방편으로서

적절하다고 여겨지면 출처를 따지지 않고 수용한 결과
다. 동사섭에서 사용되는 기법 중에서 불교 원리와 비
교적 가까이 있다고 여겨지는 방편으로 무아 명상, 독
배 명상, 나지사 명상, 지족 명상 등을 들 수 있다. 지
족 명상은 마음의 욕구를 충족시켜 주고, 나지사 명상
은 마음의 포용력을 넓혀 주며, 독배 명상은 마음의 욕
구를 끊게 하고, 무아 명상은 자아의 본질을 바로 보게
하는 효과를 가져온다. 이들은 간단한 방법을 통해 마
음과 자아에 다가가도록 돕는 매우 창의적인 방편들이
다. 이런 점에서 동사섭은 현대적인 불교 상담 개척의
선구 역할을 담당하고 있다고 평가할 수 있다.

여섯째, 불교경전과 불교수행법에 대해 해박한 지식
을 가진 스님들을 불교 상담 연구의 주체로 끌어들이
는 과제다. 이 과제에 대해서는 동사섭이 모범적이라
고 평가할 수 있다. 동사섭을 창시하여 20년이 넘게
이끌어 온 용타 스님, 그리고 돕는 이의 역할을 담당하
는 대화 스님이 모두 불교에 정통한 스님들이다. 동사
섭의 시작 자체가 스님으로부터 비롯되었으므로 여기

에 불교적 원리가 충실히 담겨 있으리라는 점은 의심할 필요가 없다. 앞으로 상담전문가들과 스님들이 합심하여 불교적 원리와 상담을 결합시키기 위해 노력한다면 또 다른 발전이 있을 것이다.

일곱째, 상담자의 역할 규정과 관련된 과제다. 동사섭의 일반 수련 과정은 대집단을 상대로 용타 스님이 주도하는 강연과 강연 후 돕는 이들이 주도하는 15명 안팎의 소집단으로 운영된다. 소집단은 대집단에서 강연한 내용을 소화하고 훈련하기 위하여 활용되는데, 대개 한두 명의 돕는 이가 배치된다. 그러니까 동사섭에서는 소집단의 돕는 이들을 상담자로 간주할 수 있다. 이들에게 어떤 역할이 부여되는지, 돕는 이기 되기 위하여 어떤 교육과 훈련을 거쳐야 하는지에 대해 설명하는 상세한 자료는 없다. 다만 돕는 이가 되기 위하여 동사섭 중급 과정과 고급 과정을 거쳐야 한다는 점, 수련 기간 중 돕는 이들이 별도로 만나 모임을 갖는 점으로 미루어 이들의 역할과 관련된 세부 논의가 있으리라고 예상된다. 앞으로 이 부분은 좀 더 구체적으로 밝혀질 필요가 있다.

여덟째, 체계적인 불교 상담학의 정립이라는 과제다. 동사섭은 석가모니의 육성을 기초로 한 원시불교의 이념에 기초를 두고 있다(용타 스님, 2001). 따라서 원시불교의 핵심 교리인 사성제, 십이연기, 팔정도, 삼학, 육바라밀 등을 동원하여 불교 상담학의 체계를 구축하고 있다. 앞에 동사섭의 기본 이론과 원리에서 살펴본 대로 삶의 5대 원리, 마음의 작용, 자아의 정체 등을 설명하기 위하여 활용된 개념들은 모두 이들 교리에서 비롯된 것으로서 상당한 수준의 논리적 체계성과 정합성을 갖추고 있다. 용타 스님(2001)의 서적은 불교 사상, 특히 활불교의 원리가 일상생활과 어떤 관련이 있으며, 일상생활에 어떻게 적용될 수 있는지에 대한 풍부한 설명과 예화를 담고 있다. 이런 점에서 동사섭은 불교의 교리와 상담을 하나로 결합한 새로운 불교 상담학이라는 평을 들을 만하다. 다만 동사섭의 핵심 개념 그리고 그 개념들의 관련성에 대하여 에서 이 수준을 넘어서는 보다 본격화된 이론적 설명과 논의가 추가될 필요가 있다.

2. 실제적 평가

동사섭에 대한 실제적 평가는 동사섭 상담 프로그램에 참여한 필자의 소감을 중심으로 서술한다. 모든 글이 그렇지만 독자들은 특별히 이 평가가 주관적이라는 사실을 염두에 두기 바란다.

첫째, 동사섭은 철저한 실습과 반복 훈련을 강조한다. '반복이 천재를 낳는다.'는 촌철에 어울리게 배운 내용을 철저하게 반복할 것을 요구한다. 미리로 아는 것(머리지식)과 마음으로 깨달아 아는 것(가슴지식) 사이에는 깊은 골이 있는데, 이 골은 아는 것을 반복하여 실행함으로써 메울 수 있다고 본다. 시간이 날 때마다 기록하라는 느낌 쓰기, 100사례 이상을 찾아 반복 실습하라는 나지사 명상, 짝을 지어 반복 훈련하는 공감 반응 연습 등이 그중 일부다. 반복을 하다보면 어느 틈에 어색한 느낌은 사라지고 아주 오랫동안 해 온 것처럼 익숙해지면서 훈련 내용에 흠뻑 빠져드는 효과가 있다.

둘째, 행동으로 실행할 수 있는 다양한 프로그램이 담겨 있다. 행동 명상은 물론 촐랑대기, 저지르기를 비롯하여 다양한 명상법들이 모두 실제 행할 수 있도록 고안되어 있다. 이렇듯 직접 행하고 체험하는 과정이 수련자들에게 강한 인상을 남기는 것 같다. 실행에 대한 강력한 집단 압력이 있다는 점도 무시할 수 없다.

셋째, 프로그램의 내용들이 실행하기 쉽다는 장점이 있다. 불교적 원리야 복잡할지 모르지만 프로그램의 실제에 들어가면 아주 실행하기 쉽게 구성되어 있다. 나지사 명상, 지족 명상, 독배 명상, 비아 명상 등 언뜻 이름을 들으면 어려울 것이라고 예측되는 내용들이 실상은 아주 쉽고 간단한 절차로 구성되어 있다. 따라서 정상적인 지능을 가진 사람이면 누구나 참여할 수 있을 뿐 아니라, 수련 기간 이후의 일상생활에도 손쉽게 적용할 수 있다는 장점이 있다.

넷째, 대집단에서의 강연 내용과 소집단에서의 적용 연습이 적절하게 연결되어 있다. 대집단에서는 수련해야 할 테마에 대한 설명을 제공하고 소집단에서는 이를 실습으로 소화하는 절차로 구성되어 있는데, 이 두 절차가 유기적으로 연계되어 있다. 수련자들은 소집단을 통해서 대집단에서 배운 바를 마음껏 실험하고 다지는 기회를 가지는데, 더러는 대집단에서 느낀 소회, 생각, 느낌 등을 털어놓기도 한다. 때로는 소집단에서의 체험이 대집단에 환류되어 집단 분위기를 고조시키기도 한다. 소집단으로 이어지지 않고 대집단 전체가 활동의 장이 되는 경우도 포함되어 있다.

다섯째, 시간적인 경제성이다. 5박 6일의 짧은 기간 동안 70여 명에 이르는 사람들이 참가하여 모종의 변화를 보인다는 점은 시간적인 경제성이 매우 우수함을 보여 준다. 청담자를 변화시키기 위하여 개인 상담과 일반 집단 상담에 투자되는 시간을 생각해 보면 이 결과가 엄청난 것임을 알 수 있다. 상담 문화의 확산이라는 주제와 관련하여 동사섭 운영 체제를 눈여겨볼 필요가 있는 대목이다.

여섯째, 집단 압력이 매우 강력하다는 점이다. 처음에는 머뭇거리고 어색해 하던 사람들이 수련이 지속됨에 따라 점차 친숙해져 강한 집단 분위기가 형성된다. 모든 집단이 그런 것처럼, 동사섭에서도 이 집단 분위기 또는 집단 압력은 모임을 이끄는 강력한 힘으로 작용한다. 그런데 이 집단 압력은 장점이자 단점으로 지적될 수 있다. 일반 집단 상담의 효과가 오래 지속되지 못하는 큰 이유의 하나가 집단 압력으로 인해 감정이 고조된 상태에서 체험한 일들이 개인 내부에 제대로 뿌리를 내리지 못하기 때문이다. 이를 의식하고 있는 동사섭에서는 사후 관리 체제를 구축하여 이에 대처하려고 한다.

일곱째, 사후 관리 체제의 구축이다. 동사섭의 사후 관리 체제는 두 가지로 구분할 수 있다. 첫째, 인터넷상에 홈페이지를 구축해놓고 회원들이 들어와 스스로 수련할 수 있도록 여러 가지 프로그램을 제공하고 있다. 수련자들은 홈페이지에 들어와 이미 학습한 명상을 계속 수련할 수도 있고, 수련 기간 동안 사귀었던 동료들에 대한 정보에 접할 수도 있다. 둘째, 지방별 또는 기별로 자발적인 모임이 구성되고 있다. 수련회의 감동을 계속 이어 가고 싶은 사람들끼리 모여 동아리를 만들고, 이따금 용타 스님이나 돕는 이들을 초청하여 강의를 듣기도 한다.

여덟째, 동사섭의 일반 과정에 참여하는 수련자들의 신분이 매우 다양하다. 동사섭은 수련회에 참여하기 위한 특별한 자격 제한을 두지 않는다. 그래서 그런지 수련자들의 연령, 직업, 학력, 전공 등이 다채롭다. 특히 수련자들 중에 종교가 다른 수녀, 목사, 신부, 스님들이 섞여 있다는 점이 인상적이다. 동사섭이 불교에 뿌리를 두고 있지만 종교를 초월한 수련 프로그램이라는 사실을 증명하는 듯했다. 그밖에 일부 기업은 사원들의 심성 훈련을 위한 고정 프로그램으로 동사섭을 활용하고 있었다. 이런 점에서 동사섭은 이미 우리 사회에 뿌리를 깊이 내린 상담 모임이라고 말해도 부족함이 없다.

아홉째, 사람들의 변화가 극적이고 신속하게 이루어진다. 프로그램의 말미에 있는 물컵 명상을 진행하는 동안 수련자들은 엄청난 자기 고백을 쏟아 낸다. 사람들의 추천에 반신반의하면서 참여하였는데, 이 수련회를 통해서 자신이 많이 달라졌다는 고백, 여기서 배운 바를 바탕으로 앞으로 새로운 삶을 살겠다는 결의의 표명이 줄을 잇는다. 한마디로 감동의 도가니라는 표현이 전혀 부족하지 않을 정도로 많은 사람들이 웃고 울면서 자신이 변화되었음을 보고한다. 그처럼 짧은 시간에 그렇게 많은 사람을 변화시키는 힘을 가지고 있다는 사실은 동사섭을 높이 평가할 만한 충분한 근거가 된다. 앞으로 상담자와 상담학자들은 동사섭 효과를 본격적으로 탐구하여 소중한 상담 지식 내지는 상담 자산으로 자리매김하는 작업에 열중할 필요가 있다. 특히 한국적 상담의 출현에 관심을 가진 사람들은 동사섭에 깊은 관심을 가져 볼 만하다.

| 참고문헌 |

김유영(1996). 동사섭 소집단훈련의 스트레스 감소 효과 및 자기노출과 공감반응 변화 분석. 동아대학교 대학원 석사학위논문.

김창규(1999). 동사섭 소집단훈련이 자아개념 변화에 미치는 효과. 대구대학교 사회개발대학원 석사학위논문.

대화 스님(2003, 여름호). 동사섭 1, pp. 8-9. 전북: 사단법인 동사섭.

박성희(2001). 상담과 상담학: 새로운 패러다임. 서울: 학지사.

박성희(2002). 동양상담학의 전개: 불가상담에 대한 선행연구 고찰. 학생생활연구, 12집. 청주: 청주교육대학교.

오재관(2003) 동사섭 소집단훈련이 분노·우울·공격성에 미지는 효과. 서강대학교 교육대학원 석사학위논문.

용타 스님(2001). 마음 알기 다루기 나누기. 서울: 대원정사.

이경임(1992a). 동사섭 집단상담의 내용분석. 교육관리기술, 259, pp. 90-96.

이경임(1992b). 동사섭 집단상담의 내용분석 2. 교육관리기술, 260, pp. 86-91.

이철희(1993). 동사섭 소집단훈련의 피드백 변화에 관한 연구: 피드백 내용과 수용을 중심으로. 영남대학교 대학원 석사학위논문.

임승환(1989). 대면집단에서의 언어반응 변화 추세와 자아개념 변화에 관한 연구: 선불교적 소집단훈련(동사섭)을 중심으로. 서울대학교 대학원 석사학위논문.

임승환(1990). 비구조적 소집단훈련의 이론과 실제: 동사섭 소집단 훈련의 축어록을 중심으로. 인간이해, 11, pp. 29-74.

장희정(2003). 영성적 집단상담 프로그램이 자아존중감에 미치는 효과 연구: 동사섭을 중심으로. 연세대학교 교육대학원 석사학위논문.

정순자(1993). 선불교적 소집단 동사섭훈련을 통한 자아실현과 욕구와의 상관관계 연구. 한국외국어대학교 교육대학원 석사학위논문.

최동춘(2003, 겨울호). 동사섭, 2, pp. 10-11. 전북: 사단법인 동사섭.

최윤경(1994). 소집단훈련이 자기노출, 대인관계지향성과 자기충족기능행동에 미치는 효과: 동사섭을 중심으로. 연세대학교 대학원 석사학위논문.

황경열(1997). 동사섭 소집단훈련이 자아개념과 자기노출에 미치는 효과. 난청과 언어장애, 20권 2호, pp. 35-47.

저자 소개

박성희

1957년 서울 출생
서울대학교 사범대학 교육학과 졸업
서울대학교 대학원 교육학과 교육상담학 박사
한국행동과학연구소 상담실 책임연구원
미국 위스콘신대학교 상담학과 객원교수
캐나다 브리티시 컬럼비아대학교 상담학과(ECPS) 객원교수
한국상담학회 수련감독사
현재, 청주교육대학교 초등교육학과 교수

[저서와 역서]
담임이 이끌어 가는 학급상담(학지사, 2006)
한국형 초등학교 생활지도와 상담(공저, 학지사, 2006)
꾸중을 꾸중답게, 칭찬을 칭찬답게(학지사, 2005)
초등학교 현장 상담대화기법 동영상 CD 프로그램(학지사, 2005)
공감학: 어제와 오늘(학지사, 2004)
상담학 연구방법론: 사회과학 연구방법의 새로운 지평(학지사, 2004)
상담의 도구(대한민국학술원선정 우수도서, 이동렬과 공저, 학지사, 2002)
동화로 열어가는 상담이야기(학지사, 2001)
상담의 새로운 패러다임(대한민국학술원선정 우수도서, 학지사, 2001)
상담의 실제(대한민국학술원선정 우수도서, 이동렬과 공저, 학지사, 2001)
새내기 상담가를 위한 상담과 심리치료(이동렬과 공저, 교육과학사, 2000)
공감과 친사회행동(문음사, 1997)
사람들의 행동을 변화시키는 특이한 방법들(역, 양서원, 1995)

[수 상]
대한민국학술원선정 우수도서(2003)
제12회 한국교육학회 학술상 수상(2006)
제14회 삼천리자전거배 전국산악자전거대회 초급 마스타부 우승
제2회 봉화춘양목송이배 전국산악자전거대회 초급 마스타부 우승

동양상담학 시리즈 9

동사섭 상담

1판 1쇄 인쇄 | 2007년 1월 5일
1판 1쇄 발행 | 2007년 1월 10일

지은이 | 박성희
펴낸이 | 김진환
펴낸곳 | 도서출판 **학지사**

주소 | 121-837 서울시 마포구 서교동 352-29 마인드월드빌딩 5층
대표전화 | 02)326-1500 팩스 | 02)324-2345
홈페이지 | http://www.hakjisa.co.kr
등록 | 1992년 2월 19일 제2-1329호
정가 | 7,000원
ISBN | 978-89-5891-409-9 94180
        978-89-5891-400-6 (set)

동양상담학 시리즈

■ 마음과 상담 ①

상담은 사람의 마음을 전문적으로 다루는 활동이다. 따라서 상담자는 마음이 어떻게 생겼는지, 어떻게 작동하는지, 어떻게 변화되는지 등 마음에 대해 남다른 지식을 가지고 있어야 한다. 이 책은 마음에 대한 동서양의 관점을 살피고 이를 상담에 활용하는 전략에 대해 다룬다.

■ 불교와 상담 ②

불교에서 상담적 요소를 찾아내어 이를 현대 상담 이론과 상담 전략으로 정립하려는 노력은 꾸준히 전개되어 왔다. 이제 지금까지의 연구 결과를 종합하여 매듭을 하나 짓고 동시에 불교 상담의 미래를 전망할 시점이 되었다. 불교 상담의 어제, 오늘 그리고 내일을 조망해 본다.

■ 선문답과 상담 ③

선문답과 상담이 무슨 관련이 있을까? 이해하기도 어렵고 이해하려는 노력만으로는 절대로 풀 수 없는 선문답을 상담에 가져오는 일이 가능할까? 하지만 700여 년 이상 전개된 선문답의 역사를 들여다보면 답은 명쾌해진다. 단박에 존재의 본질을 꿰뚫고 들어가는 선문답은 실존적 상담을 이끌어 가는 중요한 실마리로서 손색이 없다.

■ 논어와 상담 ④

2,500여 년 전 공자가 제자들을 데리고 다니며 상담 활동을 전개했다는 사실을 아는가? 요즈음 말로 공자는 인생 상담에 도가 트인 분이다. 논어에 담겨 있는 공자의 지혜를 현대 상담으로 풀어낸다.

■ 퇴계 유학과 상담 ⑤

퇴계가 정립한 조선 성리학은 사람의 마음을 살핀 심성론이다. 경을 중심으로 전개되는 심성론에는 오늘날 상담학에서 다루는 많은 지식이 아주 섬세하게 논의되고 있다. 상담자로서 퇴계의 면모를 살펴보고 그의 아이디어를 현대 상담으로 끌어와 살핀다.

▣ 도덕경과 상담 ⑥

도덕경은 그야말로 상담책이라고 해도 과언이 아니다. 도덕경의 한 구절 한 구절이 모두 세상을 행복하게 살아가는 법에 대해 말하고 있기 때문이다. 삶을 소유가 아니라 누림으로 풀어내는 노자의 혜안을 통해 행복하게 살고픈 이들을 돕는 동양의 비법을 접할 수 있다.

▣ 모리타 상담 ⑦

신경증 치료를 위하여 모리타가 개발한 일본식 상담이다. 서양식 상담을 일방적으로 수입하지 않고 일본 내에서 자생적으로 성장한 상담이라는 점이 주목할 만하다. '아무것도 하지 않으면 자연적인 치유의 힘이 발동한다.'는 원리로부터 체계적인 상담법을 발전시킨 모리타의 창의성이 돋보인다.

▣ 나이칸 상담 ⑧

나이칸 상담은 모리타 상담과 어깨를 나란히 하여 세계로 수출되고 있는 일본식 상담이다. 감사하는 마음을 북돋아 일으킴으로써 청담지를 평화와 행복의 세계로 인도하는 방법을 제시하고 있다. 감사하는 마음을 일으키기 위하여 마련한 치밀한 세부 절차와 과정에서 일본 냄새가 강하게 풍기는 상담임을 느끼게 한다.

▣ 동사섭 상담 ⑨

세계 상담계에 내놓아도 좋을 만한 대표적인 한국식 상담이다. 불교적인 아이디어와 서양식 상담을 절묘하게 버무려 새로운 형태의 상담을 탄생시킨 용타 스님의 혜안이 놀랍다. 짧은 시간에 많은 사람들의 메마른 감정을 휘저어 감동을 주는 동사섭의 세계를 맛볼 수 있다.

박성희 저 / 46판 / 전9권 / 각권 7,000원 (세트 63,000원)

꾸중을 꾸중답게
칭찬을 칭찬답게

박성희 지음 | 신국판 | 204면 | 9,000원

교사와 학부모를 꾸중과 칭찬의 전문가로 거듭나게 하는 책

　꾸중과 칭찬은 교사와 학부모가 가장 많이 활용하는 교육수단으로 교육효과를 결정하는 매개과정이기도 하다. 꾸중과 칭찬을 잘하면 교육을 성공적으로 이끌 수 있는 반면, 잘못하면 교육을 망치게 된다. 꾸중과 칭찬을 다룬 여러 문헌에 실린 내용을 알기 쉽게 정리하고 상담원리가 반영된 꾸중과 칭찬 방법을 자세하게 소개한다.

동화로 열어가는 상담이야기
-수용과 공감의 지혜-

박성희 지음 | 신국판 | 232면 | 8,000원

베갯머리에서 듣던 옛날 이야기처럼 쉽게 풀어 가는 상담이야기

　재미와 이론을 함께 담은 책. 인간 변화의 원리와 전략을 쉽게 풀어놓고, 친밀한 예화를 통해 일상에서 흔히 접하는 이야기와 사건을 상담지식과 연결해 놓았다. 상담의 기본 토대인 바람직한 관계 구축을 위한 세 가지 방법, 상담자가 앞장서서 청담자를 리드하는 방법, 상담에서 활용하는 대화 방법 등에 대한 지식을 소개한다.

붓다의 심리학

붓다의 가르침과
서양 심리학의 조화로운 만남

Mark Epstein M. D. 저 | 전현수 · 김성철 공역 |
신국판 | 304면 | 15,000원

이 책은 불교가 정신치료나 상담의 한계를 보완해 줄 가능성을 살피고, 모든 정신은 명상적 자각을 할 수 있다는 것을 보여 준다. 불교와 정신치료의 두 분야를 오랫동안 병행해 온 저자 마크 엡스타인은 이 책에서 육도윤회를 심리학적인 관점에서 해석한다. 또한 심도 있는 명상을 정신역동적으로 해석하면서, 명상이 활용될 때 보다 효과적인 정신치료를 할 수 있다고 주장한다.

마음챙김 명상과 자기치유 (上,下)

삶의 스트레스에서 자유로워지는 길

존 카밧진 저 | 장현갑 외 공역 |
신국판 | 384/352면 | 각권 10,000원

명상과 의학의 결합 그리고 명상과 과학을 흥미롭게 우리의 건강 및 삶의 질과 연관 짓는 책. 웰빙과 완전한 자기 구현을 위해 수많은 사람들이 선택한 마음챙김 명상법을 소개하고 있다. 마음챙김 명상을 통해 우리의 건강을 위협하는 삶의 스트레스에서 자유로워지는 길을 찾을 수 있으며, 인간사 전반과 통증 및 질병에도 대처할 수 있는 지혜를 얻을 수 있다. 의사, 명상수련을 전문으로 하는 종교인, 일반인들로부터 주목을 받아 왔으며, 신경정신과 전문의 등을 중심으로 실제 임상치료에 적용되고 있다.

마음이 지닌 치유의 힘

고통 속에서 의미를 찾아 극복하게 하는 안내서

Joan Borysenko 외 공저 | 장현갑 외 공역 |
272면 | 9,900원

이 책에서 고통은 단순한 고통으로 끝나는 것이 아니라 그 고통 속에서 의미를 찾아 극복해 나갈 때 엄청난 치유의 가치가 있음을 강조하고, 고통이 성장의 촉진제인 동시에 치료제가 될 수 있음을 알려 주고 있다. 마음이 지닌 엄청난 치유의 힘을 최대한 발휘할 수 있도록 명상, 기도, 최면, 심상 등 온갖 종류의 심리적 방법을 과학적인 증거를 들어가면서 쉬우면서도 친절하게 소개한다. 미국에서 장기간 베스트셀러에 오르기도 했다.

요가 첫걸음

과학적이고 체계적으로
요가 수련을 소개하는 실습지침서

샌드라 앤더슨 · 롤프 소빅 공저 | 조옥경 · 김채희 공역 |
국배변형판 | 252면 | 20,000원

몸과 마음이 어떻게 작용하고 있는지에 관한 원리를 충실하게 밝히면서 과학적이고 체계적으로 요가 수련을 소개하는 훌륭한 실습지침서. 내용은 물론이고 아름답고 우아한 동작을 묘사한 화보로 가득한 구성과 세련된 디자인에 절로 눈길이 간다. 요가의 어렵고 심오한 부분을 쉽고도 평이하게 소개하는 것과 더불어 요가로 몸과 마음을 단련하면서 마음과 영혼을 살찌우길 원하는 사람들을 위한 안내서로도 손색이 없다. 기본적인 내용에 충실할 뿐만 아니라, 개인적 필요에 맞는 맞춤식 요가 자세를 구성할 수 있는 방법도 제시한다.